TRIBAL KNOWLEDGE:

BUSINESS WISDOM BREWED FROM THE GROUNDS OF STARBUCKS CORPORATE CULTURE

スターバックスはなぜ値下げもCMもしないのにずっと強いブランドでいられるのか？【新装版】

ジョン・ムーア［著］　花塚 恵［訳］

Discover

本書を推薦します

私がCEOを務めていたスターバックスという会社は、日本だけでも1000店舗、従業員2万2000人を超える大企業となった現在も、お客様に特別なスターバックス体験を提供するというミッションを経営者から従業員の一人ひとりまでが共有し、高いブランドを保ち続けています。

そんなスターバックスをつくっている経営哲学、独特の社内文化、長く人を惹きつけるブランディング、値引きやテレビCMに頼らないマーケティング戦略、人事に対する独自の考え方など、この本には、スターバックスのエッセンスが詰まっています。価格競争に巻き込まれて苦しんでいるサービス業の方はもちろん、さまざまな業種の経営者や若いビジネスパーソンの方にも、ご自身のビジネスを見つめなおすヒントとなると思います。ぜひご一読をお薦めします。

㈱リーダーシップ・コンサルティング　代表　岩田松雄

はじめに——社内でしか語られてこなかった、秘伝のルールを教えよう

1987年、ハワード・シュルツは「イル・ジョルナーレ」というイタリア風コーヒースタンドを3店舗経営していた。そしてこの年に、当時は6店舗しかなかったスターバックスコーヒーを買収した。このとき彼は、米国人のコーヒーの飲み方を変えるという壮大な夢を抱いていたのである。

それから20年が過ぎ、スターバックスは、自らつくりだした「スペシャルティコーヒーとエスプレッソベースのドリンクを提供する居心地の良いカフェ」というカテゴリーで、突出したリーダーとなった。それは注目に値する形で起こった、注目に値する話である。

90年以前に成人した米国人にとって、コーヒーは、「必需品ではあるが、とうてい楽しめるものではない日用品」でしかなかった。咳止めシロップに美味しさを期待しないのと同じで、ほとんどの人が朝の活性剤として、あるいは昼食後の眠気覚ましとしてグイッと飲む以外は、一杯のコーヒーに大した期待を抱いていなかったのだ。

米国人は、3パウンド（約1300グラム）の缶から、安い粗悪なロバスタ種のコーヒー粉をすくっていれたコーヒーの味に慣れていた。いつまでも保温プレートの上に置いてあるので微妙な風味はかき消され、耐え難い味をごまかすために粉末のコーヒークリーマーを入れて出されるのが常だった。

そんななか、71年、ジェリー・ボールドウィン、ゴードン・バウカー、ゼブ・シーゲルという3人の友人たちの手で、シアトルのパイク・プレイス・マーケットにスターバックスが設立された。3人とも、深煎りのアラビカ種でいれた、味わい深いヨーロピアンスタイルのコーヒーに夢中だった。それは、砂糖もミルクもいらない濃厚な風味のある最高の味わいの、純然たるコーヒーだった。

81年、店舗数を4つに増やしていたスターバックスは、一人の営業マンの興味をひいた。ニューヨークで生活用品の営業をしていた彼は、シアトルの小さなコーヒー会社が全国規模のデパートよりも大量にコーヒーメーカーを注文してきた理由を知りたかったのだ。この営業マンがハワード・シュルツである。スターバックスの魅力にとりつかれた彼は、ほどなくしてスターバックスのマーケティングと営業の責任者となった。

83年、出張先のミラノでカフェ文化にすっかり魅了されたシュルツは、カフェラテやカプチーノなどのエスプレッソベースのドリンクを、イタリアの小さなコーヒースタンドがそうしているように販売しているスターバックスの姿を思い描くようになった。帰国後、一杯一杯手づくりのエスプレッソをいれる、イタリア式のコーヒースタンドをシアトルの中心部に開店すべきだと3人のオーナーを説き伏せた。この試みは成功したが、オーナーたちの事業に対する考え方とは結果的に合わなかった。そして86年、シュルツはスターバックスを円満退社し、自分で「イル・ジョルナーレ」というエスプレッソカフェを始めた。

1年も経たないうちにイル・ジョルナーレは3店舗になった。そして思いがけないことに、シュルツが以前雇われていた会社、スターバックスコーヒーの商標と6つの店舗を手に入れるチャンスが巡ってきた。シュルツはこの好機をつかみ、何年か前に思い描いたスターバックスが現実のものになろうとしていた。

92年にはスターバックスの店舗数は165になり、そのほとんどが北米大陸の太平洋岸北西部に位置し、年商1億3００万ドルの企業になった。そしてこの年に株式公開した。以後14年にわたって急速な成長を続け、ニューヨークへの展開を皮切りに、ロサンゼルス、マイアミと続き、国外では日本に店舗をオープンした。その結果、今では世界40ヶ国以上に1万1000を超える店舗を構え――1日5店舗のペースでオープンしている――、スターバックス全体の売上は65億ドルを上回る。株価は、公開当初の価格から、優に6400%は上昇した。

スターバックスは世界を変えた

スターバックスは時代を先取る企業という立場を築いたが、それ以上に意義深いのは、米国の人々、そして世界中の人々のコーヒーに対する考え方を、コーヒーは楽しむものだというものに変えるという途方もない目標を達成したことだ。

スターバックスには世界を変えるという使命《ミッション》があった。ただ物を売って儲けるのではなく、ささやかではあるが有意義なやり方で人々の生活に潤いを与えたかった。この「人々に奉仕する」という精神が、スターバックスの成功の要なのである。

ひとつのブランドとして、スターバックスは現代のマーケティングの幅を広げた。不特定多数に訴える、従来どおりのマスマーケティングを捨て、1店舗で一杯のドリンクを飲む顧客ごとに、心の通った永続的な関係を築くことに焦点をあてたのである。

実に多くの偉業を達成した会社なのに、スターバックスがコーヒーという日用品を販売して、どのようにこれほどの繁栄を築いたか、ビジネスの世界ではほとんど知られていないのが実情だ。それは、スターバックスにおいて伝承されている経験知やノウハウは、長年スターバックスに勤めるパートナーたち（スターバックスでは従業員のことをパートナーと呼ぶ）の心と頭の中にだけ存在しているからである。

なぜ、スターバックスは成功したのか？

さて、本書では46の「ルール」を紹介していく。**スターバックスの「ルール」とは、一つひとつがスターバックスの本質を表す言葉で、これまで一度も文書にされたことはない。**口伝の知恵として、スターバックスの内部にとどまっていたのだ。

経営陣の言葉、プロジェクトチームが用いたスローガン。うまくいった（または失敗した）プロジェクトで得た「アハ（気づき）体験」etc…。それらから導きだされた数々の知見は、どれも胸に響き、考えさせられるものであると同時に、すぐに実行できるものだ。

スターバックスのビジネスを築き、スターバックスというブランドを築いたもの。それが「ルール」なのである。

本書にある46の「ルール」は、スターバックスを成功に導いた、社内に伝わる暗黙の非公式な知見に基づいて書かれている。これらは今なおマネジャーやバリスタから受け継がれていて、濃いコーヒーが体内の血管を勢いよく駆け巡るように、スターバックスの社内文化の細部に行き渡っている。本書はスターバックスの知識と伝統を表す事実を要約した、貴重な秘密の知恵のコレクションであり、どれも納得のいくものばかりである。


ビジネスを成功させるには多くの道がある。多くの企業は、顧客《カスタマー》を惹きつけるために価格と利便性を追求する。商品やサービスはあくまでも日用品に過ぎないという考え方だ。だが、このように、日用品を迅速かつ便利に安く提供するということに重きが置かれている状況では、技術が優先され、人との交流は最小限になるよう省かれてしまいがちだ。そこに、人とのふれあいを重視した顧客《カスタマー》エクスペリエンスを提供する会社が参入する余地がある。

卓越した商品やサービスの提供を追求する企業は、必需品は手間をかけず、考えることもなく売買するという小売業界に慣れてしまった顧客から大きく注目されるのである。

本書の効用

本書は起業家やビジネスマンを対象として書かれているが、「商品やサービスには大きな可能性が秘められている」という理想を掲げる人、有意義なやり方で、顧客と個人的にふれあいをもちたいと考えている人にも、ぜひ読んでいただきたい。

本書で紹介している「ルール」は、ビジネスやマーケティングの教訓といってもいい。理想を分かち合い、すぐに効果があらわれるアイデアの火つけ役となるはずだ。これらを読めば、自分の会社や仕事について、今までと異なった視点で捉えられるようになるだろう。また巻末の「アイデアを実行に移すために」では、すぐに業務改善に取りかかることができるいくつかのステップを紹介している。

本書に登場する多数のビジネスやマーケティングの教訓はいずれも、スターバックスの内部の誰かが利用したものであり、それによってスターバックスは文化の象徴となり、カテゴリーを築いていくことができたのだ。

ついに、スターバックスの外の人々にも「ルール」が伝えられるときが来た。スターバックスという事業、スターバックスというブランドを築いてきた秘密の知恵が。

第1章

スターバックスのマーケティング＆ブランディングに学ぶ

① ビジネスと正面から向き合う過程でブランドは生まれる。 016
② マーケティングはすべての社員の仕事の一部である。 022
③ 「どこにでもあるもの」を「他にはないもの」に変えよ。 028
④ ありのままを伝えよ。つくられた話はもういい！ 034
⑤ ブランド・マネジメントとは、評判管理である。 042
⑥ ブランドを広めたければ、まずカテゴリーを世に広めよ。 046
⑦ 低価格戦略は、結局高くつくと心得よ。 052
⑧ 売上を伸ばす方法は3つしかない。 060
⑨ 強いブランドはブランドの「負債」より「資産」が多い。 066
⑩ 最大ではなく、最高になれ。 074

第2章

スターバックスのサービスに学ぶ

⑪ 出店が最大の広告である。 080
⑫ お客様に伝えるべきは「特徴」ではなく「効用」である。 084
⑬ マーケティングは真実を語るものであれ。 090
⑭ グッズは関連性のあるものに限るべし。 100
⑮ 広告よりもモノを言うもの——それは「行動」である。 104
⑯ 数を絞って実行すれば、より大きく、優れた成果が得られる。 110
⑰ 常にチャレンジャースピリットを持ち続けよ。 115
⑱ 注目に値することが注目される。 122
⑲ ニーズだけではなく、ウォンツを満たせ。 130
⑳ お客様には、きっぱり「イエス」と言おう。 134
㉑ 約束以上のことをせよ。 140
㉒ 地域社会にとけ込みなさい。 146

㉓ 親切であれ、清潔であれ。152
㉔ ふれあいはテクノロジーに優る。155
㉕ 惜しみなく与えよ。164
㉖ 未来の成功は、過去の成功の中にある。174
㉗ お客様を、その日限りの旅行者ではなく、日常に楽しみを求める探検家として扱え。180
㉘ お客様に親愛の情を持ってもらいなさい。185
㉙ 「壁」の声に耳を傾けよ。190
㉚ より大きな成功を得る道を選べ。194
㉛ すべてが大事であると心得よ。198

第3章 スターバックスの人材育成に学ぶ

㉜ 会社の「伝道者」を育てよ。202
㉝ 従業員エクスペリエンスが社員にも会社にも成長をもたらす。212
㉞ 従業員の声をきき、ミッションを活きたものにせよ。218

35 リーダーこそ情熱的なフォロワーシップを取り入れるべき。 225

36 従業員が見限るのは会社ではない。人だ。 230

37 ブランドは、人の情熱によって生み出される。 234

38 自己満足に陥るな、現状維持に抵抗せよ、うぬぼれを打ち砕け。 240

39 ベテランと新人のあいだに架け橋をつくれ。 248

40 経験に勝る情熱を持っている者を雇いなさい。 254

41 参加することが最低の条件であると心得よ。 258

42 「健全な話し合い」を奨励せよ。 262

43 組織図の中にお客様を位置づけよ。 266

44 自分の仕事を前年比で評価せよ。 271

BONUS TRACK

45 すべてを正しく行え。利益は結果的についてくる。 278

46 世界を変える志を持て。 280

アイデアを実行に移すために 283

スターバックス役員たちの本棚 291

本書は2007年に小社より出版した『スターバックスに学べ！』を改題、再編集し、新装版としてデザインを一新したものです。アメリカでの原書刊行は2006年で、店舗数や統計数字、人物の肩書きなどはあえて原書のままとさせていただきました。本書に著されたスターバックス社の経営哲学や社内文化は、現在のビジネスシーンにも大いに役立つものと思い、ここに新版をお届けすることにいたします。本書が皆さまの日々の仕事の一助となれば幸いです。

第 1 章

スターバックスのマーケティング＆ブランディングに学ぶ

1

ビジネスと正面から向き合う過程でブランドは生まれる。

ブランド・マネジメントは生涯の仕事です。ブランドは非常に脆いものですからね。スターバックスに限らず、成功している企業やブランドは、いつまでも成功を保証されているわけではありません。だからこそ日々努力するのです。

ハワード・シュルツ
（スターバックス会長兼創設者）
（『CONTEXT』誌　2001年8／9月号
特集MR．Coffee　22ページ）

意外に思うかもしれないが、スターバックスはブランドをつくろうとしたことはない。ただ、美味しいコーヒーに対する理解を得ようと、熱意をもって取り組んできただけだった。

ブランドはたゆまぬ情熱から自然に生まれた。決して膨大な情報操作によってつくりだされたものではない。スターバックスは最高品質のコーヒー豆の調達とロースト（焙煎）に必死だった。濃厚で力強いコーヒーを楽しむ方法を顧客に伝えるのに必死だった。顧客が居心地よくくつろげる空間をつくるのに一所懸命だった。とてもブランディングについて考える暇などなかったのだ。

スターバックスが設立された頃、コーヒーは、習慣的に消費する熱い焦げ茶色の液体で、カフェインを摂取できるものとしか思われていなかった。だが、微妙で深いエキゾチックな風味をもつコーヒーを、居心地よく落ち着ける環境で飲めるようにすれば、「日常のちょっとしたひととき」として受け入れられるかもしれない。当時の米国に、そういった店はなかった。

こうしてスターバックスは、コーヒーに対する知識を顧客に啓蒙することで成長していった。

スターバックス体験《エクスペリエンス》がブランドをつくる

スターバックスは従業員《パートナー》をコーヒーエキスパートとして位置づけていて、彼らはまさに専門家だった。バリスタはお客様との会話を楽しみながら濃厚で力強いコーヒーをいれるスキルを習得していたし、来店した人々に、美味しいコーヒーを楽しみながらくつろぐという体験、すなわち「スターバックス体験《エクスペリエンス》」を提供した。

では、お客様とはどんな会話をするのか？　コーヒー豆についてである。スターバックスの従業員は扱っているコーヒーについて何から何まで知っている。ロースティング作業について、品種、ブレンド、単一産地のコーヒーの味の違いについて、そしてバーカウンターの中でつくったドリンクの誕生秘話について、すらすらと話すことができた。

バリスタは扱うコーヒーについて熟知していないと駄目だとハワード・シュルツは考えていた。完璧なコーヒーをいれることの難しさを分かっていたからである。

良い豆を選び完璧にローストしたからといっても、失敗する要素は多々ある。豆の風味の旬は短い（期限の過ぎたコーヒーをチャリティに寄付するのはこの理由からだ）。コーヒーの種類によって粗挽き、細挽きなど挽き方を調節しなければならない。コーヒー粉と水の割合は正確でなければならない。水はフィルターを通し、高純度なものでなければならない。抽出時間は正確でなければならない。そして、コーヒーはいれたてでなければならない……。

これらを見れば、なぜブランディングではなくコーヒーに力を注いできたか、分かるだろう。

コーヒーの次に注目したのは店舗づくりだ。当時の店の看板は旅行のポスターのようなデザインで、お客様の内側にある冒険心をくすぐり、コーヒーの産地の説明に役立っていた。店舗そのものは清潔で整理された状態を保ち、商品を中心に据え、落ち着いた温かい雰囲気にした。

何もかもがコーヒーを味わうときに体験することを考えてのことであり、決してブランドを意識してのことではなかった。ところが、ビジネスそのものに忠実に、正面から向き合って取り組み続けたおかげで、スターバックスは強力なブランドという副産物を生むビジネスを築くことになったのである。

「ブランディングという魔法の粉を振りまけば、勝手に人を惹きつける息の長いブランドができる」というのは幻想であることを、スターバックスは私たちに教えてくれる。

だが、商品の性能や顧客《カスタマー》エクスペリエンスを向上させることにはコストをかけず、何百万ドルもかけたイメージキャンペーンを展開してブランドを確立しようとする企業は多い。彼らの焦点は、商品に対する情熱から、いつのまにか商品の「外見」に対する情熱にすり替わってしまっているのだ。

突発的に大々的な広告キャンペーンをどれほど行おうが、イメージでビジネスは成り立たない。ビジネス自体ではなくブランドの確立に予算をかける企業は、ビジネスそのものこそがブランドだと気がついていないのである。

そして、ブランドを最大限に活かせるようになるには、日々自分たちのビジネスに忠実に向き合い、取り組み続けていかなければならない。

ビジネスをつくらずしてブランドをつくることはできない。この2つは同時に起こる。ビジネスを築いていくうちに、ブランドが生まれていくのだ。

考えてみよう

- □ **あなたの会社は商品やサービスで認知されているか？　それともイメージ先行？**
- □ **あなたの会社はお客様に対して、商品やサービスに対する情熱をどのように表現しているか？**
- □ **ブランド志向をやめ、ビジネスそのものに向き合っていくためには、何をどのように変える必要があるだろう？**

2

マーケティングは
すべての社員の
仕事の一部である。

良い商品を提供するだけでは、ブランドにはなりません。商品やサービスをどのように位置づけるか、消費者にどのように結びつけるかで、勝敗が分かれるのです。

スコット・ベドベリ
（元スターバックス役員。シアトルでの社内プレゼンにて）

スターバックスは、広告に多額の資金をかけることなく、最も尊敬を集め賞賛される、世界的な一流優良企業のひとつとなった。型どおりの広告キャンペーンに何十億ドルと費やしてグローバルブランドとなった、コカ・コーラ、マイクロソフト、マクドナルドのような企業と比べると驚くべきことである。

お金をかけなかったからといって、マーケティングにいい加減に取り組んできたわけではない。新しい活動を始めるときは必ずマーケティング機構をフルに活用する。ただ、ヒューレット・パッカードの創設者の一人、デービッド・パッカードの言葉にもあるように、「マーケティングの重要性を考えると、マーケティング部門だけに預けることはできない」のである。

社内に独立した部門があっても、マーケティングは全社員の仕事の一部でもあり、企業の何もかもに関係する。スターバックスは、商品に対する情熱を一つひとつの活動に組込むことで、マーケティングを企業そのものに「焼きつけ」た。

これは最初から意図的にとられた戦略だったが、広告費が限られていたことがその主な理由だった。スターバックスが設立された当初は、商品の改良と店舗数の拡大に資金をあてていたので、広告に使う予算はとっていなかった。従来どおりの広告宣伝に頼ることができなかったので、独創的にならざるを得なかったのである。こうして、店内での体験《エクスペリエンス》が、スターバックスのマーケティングの主力となった。

テレビCMよりも重要なマーケティング

①店舗での体験《エクスペリエンス》

お客様が体験するスターバックス体験《エクスペリエンス》の一つひとつが事業のマーケティングにつながった。

ロゴの入った白いカップで出されるコーヒー。お客様とバリスタの交流。快適な椅子。店内の色づかい（コーヒーにまつわる4つのストーリーがあり、それぞれにテーマカラーがある。栽培：グリーン系、焙煎：ブラウン系とレッド系、抽出：ブルー系、香り：パステル系）。店内で流れる音楽。温かく迎えてくれるコーヒーの香り。そしてスターバックスの「ひととき」を味わうときのお客様の感性。この戦略は成功した。

店舗とブランドのマーケティングに広告活動は関係ない。細部へのこだわりがマーケティングになる。ドリンクの注文の仕方、トイレの清潔さ、ラテの泡状のミルクにかかったキャラメルのトッピングの形状など、どんなささいなことにも気を配ることがテレビC

Mよりもプラスの宣伝効果があると、スターバックスは学んだ。それに、商品はどこよりもすぐれていた。

テレビCMよりも重要なマーケティング
②お客様とのかかわり

スターバックスは評判になり地理的にも拡大していったが、それはもっと大勢の人に味わってもらいたいという気持ちからだった。その気持ちは気前のいいテイスティングサービスという形になってあらわれた。

テイスティングサービスは販売促進というよりも、商品を分かってもらうことが目的である。無料でコーヒーを提供することで、深煎りコーヒーに対する情熱、商品と商品をつくるスキルに対する誇りを分かち合っているのだ。覚えやすいCMソングやコミカルなCMではなく、お客様はスターバックスを直に体験するのだ。

とはいえ、1998年の春、スターバックスはフラペチーノを広めようとテレビCMを使った。だが、すぐにCMを引き上げた。効果がなかなか実感できなかったからである。店舗で商品のテイスティングを振る舞ったときは、お客様が飲んでいる表情や、こぼれる笑顔から、その効果についてバリスタが判断できた。テイスティングは信頼できる、個々のふれあいがすべてだという信念のもと、スターバックスはテレビＣＭをやめ、テイスティングの提供を続けることで来店するお客様との交流を深め、売上を伸ばしていった。

テレビＣＭよりも重要なマーケティング
③地域とのかかわり

スターバックスにとって口コミによる宣伝はなくてはならないものなので、店内でのスターバックス体験《エクスペリエンス》以外にも、地道なマーケティング活動を展開している。例えば、各店舗の地域で行われるチャリティ活動に協力し、スコーンやドーナツなどを寄付してチャリティの宣伝や売上に貢献している。また何年も前から、ユタ州パークシティで開催されるサンダンス映画祭の舞台裏にエスプレッソバーを設置している。こうした活動はそれほど注目を集めないが、将来的に注目されると見越してのことだ。

最近は、新商品をビルボードと呼ばれる大型屋外広告に表示したり、ラジオＣＭを流したりといった一般的な広告活動も行うようになったが、あくまでも特定の地域向けのもので、全国的に展開するものではない。**スターバックスの広告活動は、地域や個人に向けた**

ものに限定されている。あくまでも事業を通じて事業をマーケティングすることに全力を注いでいる。

こうしてスターバックスは、面白いテレビCMをつくることよりも、お客様により良い体験をしてもらうのにお金をかけることが最も効果的なマーケティング手段だと学んだ。これまで良いとされてきたマーケティングとは違う。だがそうは言っても、極めて有効な手段なのだ。

考えてみよう

□あなたの会社の広告は、会社の業績や使命《ミッション》にどれだけ貢献しているか？
□あなたの会社において、口コミ宣伝はどのような役割を果たしているか？
□あなたの会社が、広告よりも顧客エクスペリエンス《カスタマー》の質を高めることにお金をかけるようになるには、何をどのように変える必要があるだろう？

3

「どこにでもあるもの」を「他にはないもの」に変えよ。

普通のどこにでもあるような商品を売りたいと思っている人がいるだろうか。いや、それよりも、そんな商品を買いたいと思う人がいるだろうか。

どの市場も似たような商品やサービスであふれかえっている。あなたの売る商品がどこでも手に入るものとたいして変わらないものなら、一体どれだけの人がわざわざそれを買おうとするだろう？

そこで、ブランドロイヤルティである。ブランドに対するロイヤルティが顧客《カスタマー》に根づくと、「どこにでもある」が「他にはない」に変わる。有利な価格や便利な立地、目新しさは明日にはそうではなくなるかもしれないが、「他にはない」という特色は個人個人にしっかりと根づくので、顧客を惹きつけて離さない。

ガイ・カワサキの著名な経営論『The Macintosh Way』（未訳）の中で、彼は正しい商品をつくる一環として「正しいことを正しく行う」ことについて詳しく解説している。「正しい商品はそれを手にした人に応える。正しい商品とは深みと融通性があり、完成度が高くエレガントなものである」。そうした商品は顧客の期待に完璧に応え、ニーズ（必要なこと）ではなくウォンツ（求めること）を満たす。融通性やエレガントという言葉は実用本位を表しているのか。いや違う。そう簡単には見つけることのできない、後ろめたい快楽と呼んでもいいような贅沢な体験《エクスペリエンス》を表しているのである。

熱狂的なファンを持つ企業たち

アップル社はどこにでもあるコンピュータを他にはないコンピュータにしている。そうでなければ、どうしてマックユーザーは高い額を払ったにもかかわらず、納品が遅れたり、使えないソフトウェアがたくさんある商品を我慢するというのだろう。愛用のマック製品とのつきあいをやめたくないからこそである。マックファンや支持者（彼らは「普通の顧客」とは違う）にとっては、デメリットよりメリットのほうがはるかに大きいのだ。

米国カリフォルニアで生まれたハンバーガーチェーン「インアンドアウトバーガー」は、ファーストフード業界で卓越した品質の商品を提供し、どこにでもあるハンバーガーを他にはないものにしている。洗剤などのハウスケア製品やヘアケア製品を販売する「メソッド」は、環境に配慮しつつ香りを重視した商品を、デザイン性の高い容器に入れた製品ラインナップで価格に敏感な消費者に訴えている。スーパーマーケットチェーン「ホールフーズマーケット」は、訪れた人がゆったりとした気持ちになり、新商品の試食ができ、購買意欲がそそられる雰囲気を大事にして食材を販売している。

そしてスターバックスはどこにでもある一杯のコーヒーを他にはないものにしている。

徹頭徹尾のこだわりがファンをつくる

スターバックスが現れる前、コーヒーはカフェインを摂取するための液体としか思われていなかった。味わいを楽しむというよりは、刺激を得るために我慢して飲むものだと。

スターバックスは、コーヒーはその程度に扱われていることが常々残念だった。コーヒーはその芳醇でリッチな、凝縮された複雑な風味を楽しむものであり、目を覚ますために我慢して飲むものではない。これがスターバックスのコーヒーに対する思いだった。

もし、それまでの一般認識のように単なる刺激物としてコーヒーを捉え、ローストを軽めにした、安くて質の悪い豆を使い、なんの印象にも残らないお粗末なものをつくっていたら、スターバックスの成功はあり得なかっただろう。また、熱狂的なファンを生み出すほど、目にするもの、耳にするものといった、コーヒーを飲むときの環境の細部にわたって気を配っていなかったなら、やはり成功はなかっただろう。

スターバックスが何をしたかというと、コーヒー豆の品質、深煎りというスタイル、そして強烈に心に残るコーヒーを楽しんで味わう体験にこだわり、他にはないコーヒーをつくりだしたのである。誰もが我慢だと思っていたものを、楽しむものに変えたのだ。

スターバックスの品質に対する頑なまでのこだわりは、豆の選定、時間をかけて深煎りにローストする工程、パッケージ、ドリンクそれぞれのいれ方に及び、そのおかげで最も深煎りした豆のように濃密なファンを獲得した。そして、コーヒーの水準を引き上げた。顧客がコーヒーに求めるものを変えたことにより、コーヒー業界全体の水準が上がったのである。

競争相手は増加の一途をたどっているが、スターバックスは商品に妥協しない。例えばロースト手法。スターバックスは深煎りコーヒーに対する情熱をもって設立された。深煎りとは長い時間コーヒー豆を煎ることである。だが、煎れば煎るほど豆から水分が抜けるため、豆の密度は低くなり、豆は軽くなる。よって、スターバックスのコーヒー豆一袋には、煎り時間が短く水分を含んだ豆を使った競合他社の一袋よりも多くの豆を入れることになる。その結果、コーヒー豆を販売用に梱包するのに余分な費用と時間がかかる。

スターバックスは自分たちがこだわる部分には、手間や時間やお金がいくらかかっても厭わない。これはお客様のスターバックス体験《エクスペリエンス》の質を下げたくないからである。この品質に対する妥協を許さない情熱が、他社をリードし、熱烈なファンの支持を得る所以なのである。

多くの企業はそこまでせずに妥協点を見つけて落ち着く。AかBのどちらかはできますが、両方はできませんという姿勢だ。まさにジェームズ・コリンズが共著書の『ビジョナリー・カンパニー――時代を超える生存の原則』（日経BP社刊）で引用している、「ORの抑圧」対「ANDの才能」の話である。

業種にかかわらず、長期間にわたって抜きんでている企業は、「ANDの才能」を活かして「どこにでもある」を「他にはない」にしているのである。

考えてみよう

- [ ] **あなたの業種や職種で、「他にはない」商品やサービスを提供している会社はどこか？それがあなたの会社でないなら、あなたの会社がそうなるには何をすればいい？**
- [ ] **商品やサービスの質で、あなたはどのくらい妥協しているか？ その妥協が、「他にはない」商品やサービスを提供する妨げになっていないか？**
- [ ] **自分たちが「他にはない」こだわりを持って実践していることを、あなたの会社はどのように世に伝えているだろうか？**

④

ありのままを伝えよ。
つくられた話はもういい！

商品やサービスが素晴らしい理由を語ってこそ、マーケティングとして意味がある。

「有意義なマーケティング」とは、的確な情報をそつなく与え、信頼できるものでありながら、企業のビジョンを伝えるマーケティング活動を創造することである。そして「注意をひく」だけにとどまらず、消費者に意思をもって選んでもらい、理屈抜きの顧客《カスタマー》ロイヤルティを獲得することである。

スターバックスは自社製品について顧客を啓蒙することを長くやってきた。この活動が顧客からの絶大な支持につながっている。ハワード・シュルツは、スターバックスの人を惹きつけてやまない魅力はコーヒーに対する独特の取り組み方にあると、早くから気がついていた。

私たち消費者は、スターバックスによって、ケニアやインドネシア諸島のような米国から遠く離れた国の、霧のかかった段々畑でコーヒー豆が手で摘まれているという、おとぎ話のような現実があることに気づかされた。「異国の山頂から私たちのキッチンにやってくる」とロマンティックに語られると、コーヒーの魅力がよく伝わってくる。

熱い思いを伝道せよ

そしてスターバックスの場合、この豆からカップ一杯のコーヒーになるまでのストーリーを、商品パッケージやパンフレット、店内ポスターに表示するだけにとどまらない。コーヒーセミナーを開くのである。特に、新しい市場に参入した当初は必ず実施する。

このセミナーでは、十分に教育を受け、熱い情熱をもった「コーヒーを伝えるスペシャリスト」がさまざまなコーヒーの品種について講義し、コーヒーに合う果物やチーズ、チョコレートについて提案する。スターバックスは、**ワイン醸造業者がワインに情熱を注ぐようにコーヒーに情熱を注ぎ、その熱い思いを消費者と分かち合うのだ。**

まだ、国内、いや地域的にもまだたいして知られていない時期に、デンバーの公立図書館で開催したコーヒーセミナーには、１００人を超える人々がスターバックスからコーヒーを学ぼうと参加した。単なる客ではなく、真のファンを惹きつけるとは、まさにこのことである。

「コーヒーを伝えるスペシャリスト」たち――スターバックスの「コーヒーの伝道者《エバンジェリスト》」たち――は、消費者をコーヒーに夢中にさせるだけではない。スターバックスで働くバリスタのコーヒーに対する思いをさらに熱くさせる。それに、各店舗にいるバリスタを介在して、バリスタ以外の従業員も教育し、コーヒーのスペシャリストとして育てている。

企業が自社製品に愛着をもっているなら、そこには、人を惹きつけてやまない魅力と、素直に素晴らしいと感じて興味をもてるような理由があるはずだ。

「ありのままを伝える」マーケティングか、「話をつくっている」マーケティングか

残念ながら、マーケティングプログラムをつくるとなると、商品が素晴らしい理由をこしらえようとする輩がいまだに大勢いる。痛ましいほどに粗末な現実を大げさに表現するという、乱暴で、注目を集めたいがためだけの突飛な宣伝をひたすらひねりだす。こんなことをするマーケティング担当者は、消費者をつまらない、無個性の集団のように扱っているのと同じだ。

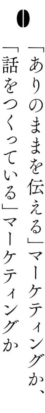

「ありのままを伝える」マーケティングか、「話をつくっている」マーケティングかを見極める確実な方法は、消費者の声を聞くことだ。インターネット上での評判はどんなものか。地方紙はどう言っているか。週末のバーベキューに集まった友人たちはなんと言っているか。

「ありのままを伝える」マーケティングなら、消費者はその企業の商品やサービスについて話す。だが、話をつくっているなら、消費者はその企業のＣＭについて話す。

例えば、バーガーキングの最近のマーケティング活動は、ニワトリの着ぐるみが登場するウェブサイトから「キング」が登場するテレビＣＭまでさまざまあるが、どれも、バーガーキングのビジネスに対するつくり話である。こうした広告メッセージを、マーケティングの世界では「陽動作戦」という。バーガーキングの商品ではなく、バーガーキングがつくった奇抜で滑稽なＣＭに消費者の注意を集めようとするわけだ。

「タコベル」（米国最大のメキシコ料理チェーン店）も同様である。ただ、もっと面白みがない。ジュージューいっている熱々の肉、採れたての野菜や果物、おろしたてのチーズが皿にのるところをテレビやポスターで見せている。現実は、巨大な配送センターから送られてくる、一食分ずつ密封されたレトルト食品を熱湯で温めて皿に盛るだけで、広告とはほど遠い。話をつくったのは明らかである。

同じメキシコ料理チェーン店でも、「チポレ」は目の前で調理してくれるので、鮮度、品質を確かめることができる。それに、自分たちの商品を深く理解してもらおうと、マリネにした肉についての話をカップに印刷している。チポレは、手軽に食べられて、手づくりの美味しいテキサス風メキシコ料理を熱望している人が大勢いるとわかっている上で、消費者がファーストフードチェーンに期待する以上の商品を提供しているのである。

バドワイザー、ミラー、クアーズといった大手ビール会社も、バーガーキングやタコベルと似たようなマーケティングを展開している。面白いものは多いが、若者の気を引こうとする粋がった内容や、ビールとは無縁の陽動作戦にばかり頼った広告を見れば、自分たちがつくるビールに対する真の情熱が欠けているのは容易に見て取れる。

あるビール会社は「風味が増した」と表現した。「麦芽のような」でも、「コクのある」でも、「ホップのきいた」でも「甘みのある」でもない。ただ、「風味が増した」である。また、別のビール会社は、「最も冷えた味のする」ビールだと訴えた。風味を言葉で表すのは確かに難しいが、こんな表現では何か違和感を覚える。

これらのビール会社は、ビールを、冷たくて、泡があり、炭酸で黄色っぽい、アルコール入りの液体としか捉えていない。この捉え方は、スターバックスが現れる以前のコーヒー会社のコーヒーに対する考え方と同じである。

商品やサービスへの情熱をメッセージに刻み込む

こうしたビール会社が発するメッセージと、地ビール会社「サミュエル・アダムズ」が消費者に伝える自社製品のメッセージを比べてみよう。両社の広告や瓶に書いてある内容を読めば、その違いは一目瞭然だ。ビールの質である。

スターバックスがスペシャルティコーヒーという業界を確立するまでの道筋を切り開いたように、サミュエル・アダムズはここ20年の間に起こった地ビール復興ブームの第一人者となった。質の高いビールをつくることに情熱を注ぎ、自分たちのやっていることをありのまま伝えることで、サミュエル・アダムズは、自分たちの情熱を伝えることに成功したのだ。

真摯な態度で自分たちのやっていることをありのまま伝える会社は、人々から慕われ息の長い会社となる。一方で、話をつくりあげる会社は、短命で、注目を集めようと必死になっているように見える。

あなたなら、どちらのタイプのビジネスにかかわりたいと思うだろうか。慕われて息の長いビジネス。それとも短命で必死なビジネス？

考えてみよう

- **□あなたの会社の「ありのまま」のストーリーはどんなものか？　会社を設立し存続させようとしている情熱の源は何だろう？**
- **□あなたの会社は、自分たちの「ありのまま」のストーリーについて、お客様と従業員にどのように伝えているだろうか？**
- **□マーケティングにおいて「話をつくりあげる」ことは、なぜ問題なのか？**

5

ブランド・マネジメントとは、評判管理である。

「ブランディング」という言葉はあいまいである。「ブランド」や「ブランディング」という言葉は、人によって、部署によって、企業によって定義づけが異なる。スターバックスのマーケティング部門は、ブランド・マネジメントを「評判管理」と定義づけている。スターバックスのマーケティング担当者たちは、社員全員の「評判」という言葉に関するイメージが同じだと理解した。定評のある人物、場所、物は、賞賛され、尊敬と信頼を集めるが、悪い評判になると、誠実さに欠け責任逃れをしていると見られる。

同じことがブランドにもいえる。強いブランドには「誠実」「責任感のある」「高潔」「共感できる」といった立派で個性あふれるイメージが湧く。一方で弱いブランドには、「口先だけ」「印象に残らない」「底の浅い」といった不名誉な形容がつきまとう。

評判は目的を実行すれば得られるものであり、価値のあるビジネスチャンスとして利用するために単に「つくりあげる」ものではない。スターバックスブランドはスターバックスの高い理想から生まれた。それは、企業の成長の必要条件としてというよりは、事業の副産物として生まれたようなものだった。

そして、スターバックスブランドが生まれたように、その評判も自然に成立した。お客様に満足してもらうためにとった活動は従業員の評判を良くする助けとなり、地域との良好な関係を育てることになったので、企業に対する好意的な評判を築くことになった。

「企業らしさ」より「人間らしさ」

スターバックスはお客様を大事にする気持ちから、お客様を「判断力」と「見る目」のある個人として扱う。この気遣いは、最高のコーヒーを追求して提供するだけにとどまらず、店舗デザインといった細部にまで行き渡る。

地域ごとに店舗の装飾を変えるのは、場所によって環境の性質が異なるからである。ニューメキシコ州タオスにある店舗は壁に現地在住のアーティストの作品を飾り、シカゴ・ブルース発祥のシカゴ南部近くの店舗はブルースを基調とした店づくりをする。それぞれの店舗は一見違って見えるが、商品やサービスの受け手となる顧客の文化や興味を受け入れて反映させているという点では共通している。

また、従業員も大切にしている。正社員、パートタイムの区別なく、スターバックスで働く人々には、医療保険やストックオプション制度などの充実した福利厚生がある。地域への貢献も忘れていない。チャリティ活動にも積極的に取り組んでいる。中古のおもちゃや古本のバザーから寄付まで、その活動はさまざまだ。

この種の企業活動は「企業」らしくない。むしろ「人間」らしい。こうした活動を通じて、お客様、従業員、そして地域からの尊敬と信頼を集めている。スターバックスの評判は社内外問わず、人々のための活動を実践することで上昇した。決して自分たちで広めたものではない。

マーケティング担当者は、評判管理としてブランド・マネジメントを捉えれば、ブランドとはどんなものか、全社的に共通の認識を持てると悟った。好意的な評判がたつと、顧客の基盤が固まるだけでなく、企業理念に賛同し、熱烈に支持したいと思ってくれる素晴らしい人たちをも惹きつけるという好循環が生まれるのである。

考えてみよう

□お客様の立場から、そして従業員の立場から見たあなたの会社の評判は、どんなものか？　もしこの２つが異なるとすれば、それはなぜか？

□お客様視点と従業員視点の両方で、あなたの会社の評判を良くするには何ができるか？

⑥

ブランドを広めたければ、まずカテゴリーを世に広めよ。

米国でスペシャルティコーヒーというカテゴリーをつくったのはスターバックスではない。だが現時点で、スペシャルティコーヒー業界をリードしているのは、明らかにスターバックスだ。ここまでの存在となったのは、スターバックスというブランドに関心を集めたからではなく、スペシャルティコーヒーというカテゴリーに関心を集めたからだった。

ブランドより先にカテゴリーを広めるなどあり得ないと思うかもしれない。だが、『ブランディング22の法則』（東急エージェンシー刊）でマーケティングコンサルタントのアル・ライズとローラ・ライズが指摘するように、「**顧客が実際に気に留めるのは、新しいブランドではなく新しいカテゴリー**」なのである。

「新しい一番手」にかかわりそうな人は、単に新しい商品ではなく、今までに経験したことのない体験《エクスペリエンス》を求めている。１９８０年代から90年代前半にかけて、スペシャルティコーヒーというカテゴリーはまさにそれだった。未知の体験である。

ただ、この新たな体験に魅力を感じるには、そのことについて知識がなければならない。カテゴリーのトップブランドを理解してもらうには、まずカテゴリーを理解してもらう必要があった。スペシャルティコーヒーというカテゴリーが広く認識されていなかったら、スターバックスというブランドを普及させることはできない。

当時、スペシャルティコーヒーというカテゴリーは、ほんの一部のコーヒー通以外の間ではまったく知られていなかった。カプチーノを口にしたことがある人は少なく、「スマトラ」のような濃縮された力強いコクのある単一産地のコーヒーを味わったことのある人もまれだった。コーヒーといえば缶コーヒーで、誰もがそれを好んで飲んでいた（好んでいたかどうか定かではないが、少なくとも受け入れてはいた）ものだった。

カテゴリーを世に広めるための3つのポイント

スターバックスが独自のコーヒーを顧客《カスタマー》に喜んで受け入れてもらえるようになるには、まずスペシャルティコーヒーというカテゴリーを広め、それを美味しいと思ってもらう必要があった。そこで、次の3点について顧客を啓蒙することを会社の使命《ミッション》とした。

①スペシャルティコーヒーというカテゴリーはどんなものか

スペシャルティコーヒーというカテゴリーを理解してもらうために、スターバックスは、缶コーヒーとスペシャルティコーヒーの大きな違いについて説明した。決定的な違いはコーヒー豆そのものにある。スターバックスは高品質のアラビカ種のみ使用する。缶コーヒーで使われている豆は質の劣ったロバスタ種である。アラビカ種は限られた高地の日陰でしか育たない。高地で育つため成長に時間がかかり、これが豊かな風味をもつ理由のひとつである。

アラビカ種を深煎りすることで、数々の風味を最大限に引き出すことができる。ところがロバスタ種は、低地の日なたで栽培することができる。ロバスタ種の木は成長が早いことも手伝って、アラビカ種に比べると、ロバスタ種でいれたコーヒーは淡泊で軽い味になる。それに、ロバスタ種を深煎りしようとしても、豆が焦げついたり極端に苦い味になったりしてしまうので、深煎りできない。早く収穫できる豆を軽く焙煎すると、コストは抑えられるが風味がない。風味ではなくコストを優先することに、缶コーヒー企業は最善を尽くす。

② スペシャルティコーヒーの特長

スペシャルティコーヒーとは、要はアラビカ種である。アラビカ種でいれたコーヒーはコストが高くつくが、すべては味に還元される。スターバックスは、缶コーヒーとスペシャルティコーヒーとの違いについて顧客を啓蒙することはできた。だが、顧客がスペシャルティコーヒーの良さを本当に理解できたのは、その味のおかげだった。

スペシャルティコーヒーの特長を分かってもらおうと、お客様に実際にテイスティングしてもらった。いれたての「アラビアンモカサナニ」を一口飲むだけで、缶コーヒーとの違いは明白だった。自分が本当に好きなコーヒーはこれだとお客様は感じた。ほんのり甘い、芳ばしい風味のつくりたてのカフェラテを一口すすって、これは何度でも飲みたくなる味だと感じた。

③スペシャルティコーヒーが目指すこと

コーヒーは美味しく心から楽しめるものだと、スターバックスは顧客に教えた。そして、スペシャルティコーヒーを、他にはない美味しい「普段のコーヒー」にしようと広めていったのである。カプチーノやラテは、日常的に飲むというよりちょっとしたご褒美として飲むことになるかもしれない。だが、いわゆる「レギュラーコーヒー」は、毎朝の一杯や夕方の締めくくりの一杯に最適ではないだろうか。

スターバックスは、スペシャルティコーヒーというカテゴリーについて知りたいと思う顧客と、スターバックスの商品に対する誇りを分かち合ってきた。カテゴリーを広め、上質で美味しいコーヒーへのこだわりを顧客の意識に植えつけることで、このカテゴリーの第一人者となったのである。

要するに、企業はブランドで決まるのではない。企業が行うビジネスの「カテゴリー」で決まるのだ。

考えてみよう

□あなたの会社がビジネスを行っているカテゴリーを振興するために、会社として積極的にどんなことができるだろうか?

□あなたの会社の商品やサービスをお客様に喜んで受け入れてもらえるようにするためには、どのような活動をすればいいだろうか?

7

低価格戦略は、結局高くつくと心得よ。

強力なブランドを構築することは、実質を伴い感情を伴います。ある意味科学的でもあり、ある意味芸術的でもあるのです。私たちの活動はすべて、強力なブランドを構築するという一語に尽きることを、胸に刻まねばなりません。消費者との交流では、特に意識する必要があります。

スコット・ベドベリ
（元スターバックス役員。シアトルでの社内プレゼンにて）

EDLPはEvery Day Low Price（毎日が低価格）の頭文字である。これは、通常価格から不定期に特売価格へ下げるのではなく、常に一定の低価格で提供するという企業の価格戦略のことだ。

EDLP戦略で名を馳せているのが米国大手スーパーマーケットチェーン「ウォルマート」だ。ウォルマートは市場に低価格を導入する名手であり、名手と評されるだけの理由がある。米国で消費者1人あたりの支出の8％近くをウォルマートが占めている。[※1] 米国の93％の世帯が過去12ヶ月の間にウォルマートから商品を購入した実績がある。[※2] 最低限の利幅しかとっていないにもかかわらず、毎分2万ドルの利益を上げている。[※3]

消費者が低価格を求めてウォルマートに押しかけるのは当然だろう。とはいえ、スターバックスはコーヒーだが、消費者はスターバックスにも押しかける。

※1 「2002年、米国の全小売店舗（自動車部品店を除く）に支払われた額の1ドルあたりにつき7・5セントがウォルマートに支払われた」チャールズ・フィッシュマン、『ファスト・カンパニー』誌2003年12月号

※2 「ウォルマートは、自分たちは流行であると誇示している」アン・ジマーマン、『ウォールストリート・ジャーナル』2005年8月25日付

※3 「ウォルマートの利益、1分あたりの利益2万ドルに到達か」ヒューバート・ヘリング、『ニューヨーク・タイムズ』2005年2月27日付

にかけては低価格の名手とは正反対の立場にある。事実、価格を下げたことはないし、今後も下げるつもりはない。

一杯のコーヒーが会社の成功を握る

スターバックスが販売するドリンクには90％以上の十分な利幅があるので、顧客《カスタマー》エクスペリエンスに力を入れることができる。低価格戦略ではこうはいかない。EDLPという病にかかった企業はもっぱらコスト削減に従事するしかない。それが唯一のお客様へのアピールなのだから。

商品やサービスの質と顧客エクスペリエンスの質で勝負し、成功しようと望む企業にとって、お客様との本当の繋がりをつくるチャンスは、一度きりである。その一度で商品やサービスに、価格に見合うだけの価値があると認められたら、お客様はその価格を高いと感じなくなる。

スターバックスのつくる一杯のコーヒーが、まさにその「一度」だった。この会社は今も昔も、頑なまでに品質にこだわっている。

スペシャルティコーヒーに興味を持ち、どんな味なのか知ろうとする初めてのお客様には、完璧なエスプレッソを味わってもらわなければならない。スターバックスが提供するコーヒー系のドリンクのベースとなる、強烈でしっかりとした味わいの中に独特の甘みのある、1オンスのエスプレッソの味を。こうしたコーヒーを飲んだことのない人のほうが多かった時代は、一杯のドリンクが会社の成功を握っていた。

この時代にはボタンで操作するエスプレッソマシーンもなかったので、バリスタはエスプレッソをつくるたびに、慎重に時間を計っていた。店が混むとタイマーの音が店中に鳴り響いた。このタイマーがバリスタに、お客様に提供するドリンクに使うエスプレッソが完璧にできたかどうかを知らせてくれる。抽出時間が18から23秒の間（スターバックスがエスプレッソの完璧な抽出時間としていた時間）に収まらなかったら、すぐさまシンクに流して捨てた。完璧でない一杯は、ためらうことなく捨てられた。

コスト削減に振り回される企業は、完璧でないからといって商品を捨てるなど考えもしないだろう。だが、スターバックスにとっては、完璧でなければ意味がない。1回の抽出の失敗、1回の手違いで、お客様はもう来てくれなくなるかもしれないのだから。

スターバックスは価格を売りにすることに激しい抵抗感を覚える。**低価格戦略をとると、コーヒーそのものに対する評価が下がり、「ただのコーヒー」になってしまう可能性が高いと分かっているからだ。**また、一度価格を下げれば、そう簡単には元の価格に戻せない。何よりも、高い価格設定だからこそ十分な利幅を得てお客様が満足できる体験《エクスペリエンス》を提供していける。

「お客様感謝デー」の教訓

スターバックスが価格を下げるとなると、〝完璧なエスプレッソ〟がその犠牲になるだろう。カウンターにいるバリスタの情熱とプロ意識もなくなってしまうに違いない。店内に流れる音楽、柔らかい照明、しゃれた装飾、快適な椅子。これらすべてが価格の犠牲になってしまう。

だからこそスターバックスは価格を下げようとしないのだが、実は１９９０年代に、セール日を設けて商品の価格を一律に下げたことがある。２、３年にわたり、歳末セールに先駆けて「お客様感謝デー」と称してセールを行い、ドリンクとコーヒー豆を除くすべての商品を20％オフにしたのだ。

その日は記録的な売上を達成したのは間違いなかったが、数々のトラブルも発生した。

まず、スターバックスは値下げすることがあるという認識がお客様の中に生まれた。ストアマネジャーや従業員の中には、善意から常連客に感謝デーのことを事前に教え、感謝デーまで商品を取り置きする者がいたので、その日以前の数週間は売上が激減した。そのうえ、当日の供給網は大混乱をきたした。配送センターから店舗へ商品を補給していたが、とても追いつかなかった。それに、店舗の在庫品を置くスペースは限られているので、感謝デーの翌日分の商品まで在庫することができなかった。感謝デーの翌日に十分な商品を並べることができなかったせいで、大事な歳末セールの時期にどれほどの売上を逃したかわからない。

低価格の罠に落ちるな！

たった1日セールをやったことで、供給網に重圧がかかり、セール以後の通常販売が機能せず、スターバックスは損失を被ることとなった。だが最大の損失は、完璧な一杯のコーヒーという商品をつくること、そしてその商品でお客様に心から満足してもらうことに気を配れなくなったことだった。

こうしてスターバックスはセール販売をやめた。その翌年はセールをしないことに不満をもつお客様の声が上がったが、さらに1年が過ぎると、セール販売は遠い過去の記憶となった。スターバックスの役員たちはこの失敗を教訓とし、従業員は価格に見合った素晴らしいコーヒーを提供することこそが重要であることを、改めて肝に銘じた。

価格重視の企業に転じれば、独自の商品や顧客エクスペリエンスは提供できなくなる。このことはスターバックス自身がよくわかっている。

『「紫の牛」を売れ！』（ダイヤモンド社刊）の著者、セス・ゴーディンはさらに一歩進み、「**低価格は名案を考えつけないマーケティング担当者の最後の手段である**」と述べている。

スターバックスの人たちは良識も独創性もあるので、低価格という罠に落ちない。もし落ちることがあれば、そのときは、私たちの知っている時代を先取る企業としてのスターバックスではなくなっているに違いない。

考えてみよう

☐ あなたが関わるマーケティングプログラムで、低価格戦略といえるものはどれだけある？

☐ お客様は、あなたの会社の商品やサービスのどの部分に価値を見いだしているのか？ 低価格だから？ それとも、得られる体験に魅力があるのか？

☐ 十分な利幅がとれる販売価格にするには、何をどのように変える必要があるか？

8

売上を伸ばす方法は3つしかない。

はっきり言って、マーケティング担当者は何でも難しく考えることで給料をもらっている。特に、売上増加に関することを何でも複雑にしすぎている。

スターバックスでは、売上をアップさせる方法を3つに集約することで、マーケティング作業を単純にしている。実際、この3つのやり方でしか売上をアップさせることはできない。

①新規顧客を獲得する

スターバックスは毎年、総顧客数の4分の1にあたる新規顧客を獲得している。信じられないかもしれないが、新規顧客とは、それまでスターバックスで一度も商品を購入したことがなかった人たちのことである。この人たちは、次に挙げるような一風変わったきっかけでスターバックスの存在を知ることになった。

- **近所にできたスターバックスのオープニングイベントで**
- **職場の近くにできたスターバックスのオープニングイベントで**
- **地域のイベントで振る舞われていたテイスティングサービスで**
- **スターバックスのドリンクの斬新さと美味しさを熱く語る友人から聞いて**

●好きな芸能人がスターバックスのロゴ入りカップでコーヒーを飲んでいる写真を見て

スターバックスに足を運ぶきっかけとなるよう、新メニューやコーヒー以外の飲み物の充実もはかっている。コーヒーが一番の「売り」ではあるが、コーヒーの味が好きではない人や、健康上や宗教上の理由からコーヒーを飲まない人が世の中には大勢いる。こうした人々のために、アイスティーベースのドリンクや、コーヒーを使わないクリームフラペチーノなど、コーヒー以外のドリンクも多数取り揃え、定番メニューに加えて提供している。

②既存の顧客にもっと多く、もっと頻繁に購入してもらう

もっと多くの商品を買ってもらうには、消費者の中の購入スイッチをオンにすればいいと思っている企業は多い。こうした企業は、巨額を投じて集中的にさまざまな媒体を使った広告キャンペーンを展開する。テレビ、活字媒体、街中のビルボード、インターネットなどで長期間にわたって大量に商品の宣伝を行い、消費者を広告漬けにするという筋書きだ。

しばらくすると、このおびただしい広告はなくなる。広告宣伝費の予算が底をつくと、

スイッチをオフにせざるを得ない。後は、広告につられて消費者が商品を購入することを祈るばかりである。

一方スターバックスには、週に4000万人が来店する。また、一人あたりの平均来店回数は月に約6回。彼らは来店すると必ず、新商品ドリンクのテイスティングサービスか、面白そうだと思わせるプロモーション活動（イベント）を目にすることになる。

顧客の目に触れる宣伝活動を絶えず行うことで、一度来店した顧客が何度も足を運ぶようになるという好循環を生み、スターバックスの話題が頻繁に顧客の口にのぼるようになるのだ。

③価格を高めに設定する

スターバックスに来店する顧客が使う金額（客単価）は、平均4ドル弱である。米国のスターバックスでは経費の増加を相殺するために、2～3年おきに5セントずつ値上げをしている。値上げに伴って客単価も上がり、ひいては売上全体が上がる。

顧客はスターバックスの値上げを冷静に受け止め、5セント多く払わないといけなくなったからといって怒る人はまずいない。値上げした当初は来店客数が若干減るものの、2～3週間もすれば元に戻り、再び利用客は増加の一途をたどる。

新商品には、高めの価格を設定する。新商品のドリンクの多くは期間限定のプロモーション用である。

ここ何年かで発表した新ドリンクには、パンプキンスパイスラテ、ジンジャーブレッドラテ、ミントモカチップフラペチーノなどがある。これらに共通しているのは、普通のラテや定番メニューにあるフラペチーノに比べて値段が高いということだ。

以上をまとめると、こういうことになる。

・新規顧客の獲得
・既存客の購買意欲への働きかけ
・高めの価格設定

この3つ全部、またはいくつかに焦点を絞ることで、販売戦略は単純化できる。何も難しいことはないのだ。

考えてみよう

□これまで縁のなかったお客様にも足を運んでもらうには、どんなことをすればいいか？

□購買活動をオン／オフスイッチではなく音量調節つまみと捉えると、どんなことをすれば売上増加が見込めるだろうか？

□値上げをしたら、お客様はどんな反応を示すだろう。高い金額でも納得して払ってもらうために、会社としてできることは何か？　また、それを可能にする新商品はどんなものか？

9

強いブランドは
ブランドの「負債」より
「資産」が多い。

スターバックスのマーケティング調査部門は、スターバックスというブランドを、毎年、あらゆる面から考察することに余念がない。こうした研究は、企業に多くをもたらしている。

だが、日常的なブランドの評価や管理は、もっとシンプルに、ブランドのバランスシート（貸借対照表）でほぼまかなうことができる。

個人のバランスシートに資産と負債があるように、ブランドのバランスシートにもブランド資産、ブランド負債という形での資産と負債がある。

「ブランド資産」とは世間に対して評判やイメージを高める企業活動のことである。

「ブランド負債」とはブランドの評判やイメージを損なう活動のことである。

マーケティング活動には、プロモーション、後援、キャンペーン、特別イベントなどがある。企業の活動としてどれがふさわしいかを判断する場合、スターバックスのマーケティング部門では、まずその活動がブランド資産かブランド負債かを判断している。

マーケティングプランの採否を決める4つのチェックポイント

マーケティング活動がプラスの効果（資産）、マイナスの効果（負債）のどちらを生み出すものかを判別するにあたって、スターバックスは次の4つの点を考慮する。

□スターバックスのお客様のインテリジェンス（知的好奇心や判断力）を尊重しているか
□お客様に約束した内容を企業として責任をもって果たすことができるか
□従業員が楽しんで積極的にできるものか
□気が利いていて、オリジナリティがあり、心から信頼できるものだとお客様が受け取ってくれるか

この4つのうち、3つ以上「イエス」がつけば、その活動はブランド資産になる。

一方、2つ以上に「ノー」がつけば、ブランド負債となってしまう。そうなったら、企業としてその活動を採用するか否かを議論する必要がある。

懸賞キャンペーンはブランドにとってプラスか、マイナスか

ブランド資産となるマーケティング活動としては、懸賞が当たるキャンペーンへの取り組みが挙げられる。

2003年初頭に初めての懸賞キャンペーンを行うことになったが、その前にマーケティング部門で、このキャンペーンがブランドにとって資産となるか負債となるかを判断しなければならなかった。これは「ベスパUSA」（イタリアのオートバイメーカー「ベスパ」の米国代理店）と提携し、スターバックスのお客様にイタリア旅行や人気の高いベスパなど、さまざまな賞品が当たるという特別なキャンペーンだった。

さきに紹介した4つの点で考慮した結果、3つがはっきりと「イエス」になったので、このキャンペーンはブランドにとって「資産」だと判断された。

お客様のインテリジェンスを尊重しているかという点については、イタリアのロマンティックなイメージを呼び起こすだけでなく、イタリアのカフェ文化に由来するスターバックスとも関連があるので、「イエス」と判断された。

お客様に約束した内容を責任もって果たせるかという点については問題なかった。というのも、キャンペーンを運営するのは第三者であり、彼らが当選者に賞品を渡すことと、うんざりするほどの必要な法的義務をスターバックスが遵守することを確認する責任を負うことになっていたからだ。

ベスパ懸賞キャンペーンについて各店舗のバリスタたちに話してみたところ、手応えのある反応が返ってきたので、きっとキャンペーンを盛り上げてくれるに違いないと判断された。

このキャンペーンを、気が利いていて、オリジナリティがあり、心から信頼できるものだとお客様が受け取ってくれるかという点だけは、はっきりと「イエス」と言うことができなかった。

だが「イエス」が3つに「ノー」がひとつだったので、スターバックス&ベスパ懸賞キャンペーンは実施された。

結果は成功だった。豪華な賞品でお客様を驚かせ、喜ばせただけでなく、販売も増加したので、大成功を収めたといえる。

クーポンの配布は「負債」

スターバックスがブランドにとって「負債」と見なすマーケティング活動のひとつは、クーポンである。

米国では、クーポンを配って売上の増加や新商品の宣伝をはかるレストランやファーストフードのチェーン店は数多い。その大半は、オイル交換店やクリーニング店のクーポンと一緒に自社のクーポンを同封し、ダイレクトメールの業者から送付させるやり方をとっている。これは大勢の人にクーポンを行き渡らせる安上がりな方法である。

スターバックスもクーポンを配布することはあるが、あくまでも慎重に検討したうえでのこと。少なくともこれまで、ダイレクトメールで大量にばらまくことは決して行っていない。それは、その行為はブランドにとって「資産」ではなく「負債」だと捉えているからである。

スターバックスのマーケティング担当者たちは、ダイレクトメールでクーポンを配布することは、お客様のインテリジェンスを尊重するものではないと考えている。それに、ダイレクトメールでクーポンが届いても、お客様の目には、〝気が利いていて、オリジナリティがあり、心から信頼できるもの〟とは映らないだろう。内部調査を行った結果でも、お客様はもっとオリジナリティに富んだものを期待し、一斉にダイレクトメールを発送するという集合的扱いではなく、個人として扱ってほしいと思っていることが判明した。

さらにいえば、そんなありきたりのマーケティング戦略を使わないと売上が伸ばせない企業なら、各店舗にいるバリスタの情熱が失せてしまう。

とはいえ、個人のバランスシートで資産だけがあり負債がないということはあり得ないように、企業がブランドの資産となるマーケティング活動にだけ取り組もうと思っても無理がある。

だが、健全な成長をめざす企業にとって、ブランドにとっての「負債」よりも「資産」を増やすことが重要だ。そうでないと、ブランドのバランスシートは常にマイナスの状態になる。

「負債」がたまると、必然的に「破産」に向かう。事実よりも大げさなことばかり言い続けていると負債がどんどんたまり、ブランドは行き詰まってしまう。一度行き詰まってしまうと、ブランドの「資産」を積み上げようとしても非常に困難を極める。もちろんお客様を取り戻すことも至難の業である。

スターバックスのような強いブランドは、ブランドバランスシートで「資産」が「負債」より多くなるよう常に事業を管理している。そのおかげで「ブランド破産」の危機に瀕する事態が起こらないのである。

考えてみよう

□あなたの会社の企業活動を、「ブランド資産」と「ブランド負債」に仕分けしてみよう。

□仕分けをするにあたって判断基準がわからない場合、どのようなチェック項目を設ければいいいか？

10

最大ではなく、最高になれ。

大企業は良くないという考え方をうち破ることも、スターバックスが挑んでいる課題のひとつにほかならない。この考え方を払拭しなければ、そもそも人々をスターバックスに惹きつけてきた当の価値観自体を失うことになるのだ。

ハワード・シュルツ
『スターバックス成功物語』(日経BP社刊)より

２００４年の株主総会の壇上に向かう直前、スターバックスの現ＣＥＯ（最高経営責任者）、ジム・ドナルドはハワード・シュルツと話をしていた。そのときハワードはジムに向かって、もうすぐ９０００店舗目をオープンするなんて信じられないと言った。するとジムはこう答えた。「**ハワード、９０００店舗目をオープンするんじゃないよ。１店舗のオープンの、９０００回目を迎えるのさ**」

スターバックスが目覚ましい成長を遂げたことは言うまでもないが、未だ一度に１店舗ずつオープンしていく気持ちでいることはあまり知られていない。スターバックスは中小企業としての心意気を忘れていない、ということだ。

大企業というと、人々の暮らしを豊かなものにすることよりも、利益をむさぼろうとすることに力を注ぎ、拝金主義と不正で動く、顔の見えない会社だと思われがちだ。しかし、お客様に奉仕することを公言していながら、私腹を肥やすようなことはできない。**つまり、最高ではなく最大になろうとすると、企業の使命《ミッション》の価値を下げることになる。**企業のニーズ――急速な成長、市場シェアの拡大、増収――をお客様より優先させてしまうと、企業の情熱が失われる。しかも、誰も気づかないうちに徐々にそうなってしまうおそれがある。

「2000までに2000」キャンペーンとスターバックスの使命《ミッション》

スターバックスが1000店舗目をオープンしたのは、1996年。ほんの2年前の94年から、倍以上の店舗数となった。

続々と新たな都市に新しい店舗をオープンしていくことは、社内全員に影響を与えた。店舗数の拡大に企業の精力を傾けることを意味する「2000までに2000」というスローガンが役員室から生まれ、各店舗にある従業員の休憩室に広がり、次第に会社全体へ浸透していった。「2000までに2000」とは、2000年までに2000店舗をオープンするという意味だ。

覚えやすいフレーズではあるが、スターバックスの成長は企業の使命《ミッション》を果たしてこそのものであり、そのスローガンの焦点はずれていた。幸いにも品質に対する頑ななこだわりという文化がすでに浸透していたことと、1999年の初めに2000店舗目のオープンを達成したことも手伝って、会社の舵取りを修正するのはそれほど大変ではなかった。最高の一杯のコーヒーをつくること、一人ひとりのお客様全員に他では得られない体験《エクスペリエンス》を提供することが、再び事業の中心に据えられた。

店舗数の増大よりも新規顧客の獲得

ブランドを構築しようとしなかったことからも分かるように、スターバックスは最大のコーヒー企業になることに重きを置いたことはない。ただ、最高のコーヒー企業になることを目標としてきた。

「最高になるから、結果として規模が大きくなるのだ」と信じて。

最大になることを最優先の目標としていたら、企業の信念に反し品質に対して大幅に妥協することになっていただろう。売上や収益の計画達成ではなく、顧客の求めることを叶えようとすることで、企業の成長に勢いが増し、今なお成長が続いているのである。顧客の求めることを叶えようとしないと成長は望めない。

スターバックスは新規顧客を獲得するために、利便のいい立地にさらに店舗をオープンしていきたいと思っている。朝立ち寄れる場所、地下鉄の駅に向かう途中、昼食後に立ち寄れる場所、オフィスの近く、クリーニング店の隣、高速道路を降りたところ。顧客があったらいいと思う場所すべてに店舗をオープンしていくことに本気で取り組んでいる。

誰もが最高のコーヒーにふさわしいとスターバックスは考える。ここから、最高のコーヒーを皆に味わってもらいたいという強い願いが生まれ、コーヒーを味わった人たちがこの会社のたぐいまれな成長の真の火つけ役となった。

最高のコーヒー企業になるという不動の意志が、最大のコーヒー企業になるという結果をもたらした。

最高を目指した結果、最大になるというケースは案外多い。だが、その反対は見たことがない。

考えてみよう

□あなたの会社のミッション宣言《ステイトメント》を見直してみよう。そこに示された目標は、業績や利益ではなく、仕事の質や卓越性に関したものになっているか？

□あなたの会社は、大きくなるために、価値《バリュー》の点で妥協をしてはいないか？　もしそうなら、その妥協を解消または最小化するためには何をすればいいか？

□会社の成長に伴って、最初に事業の中心に据えたことを、幹部、ベテラン社員、新入社員たちの間で常に共有していくためには、どうすればいいか？

11

出店が最大の広告である。

「一にも立地、二にも立地、三にも立地」は、不動産業界では当然のように知られる鉄則だ。

ロケーショニング（立地を選ぶこと）は不動産業界のマーケティング戦略であるが、店舗のある場所が企業のビルボードとしての効果も果たすので、今ではどの業界にとっても重要なマーケティング戦略のひとつとなっている。そもそも、日よけテント、建物側面に入るロゴ、店名の照明といった店舗の外観のどれもが、顧客《カスタマー》に対して企業をアピールするビルボードなのだ。

スターバックスのロケーショニング戦略は「中心の中心に」（Main & Main）と呼ばれるもので、不動産担当部門は、広告業者がビルボードの場所を選定するかのごとく、人目につきやすい、往来の多い角地の中から、店舗を構えるのに最適な場所を選び出す。**スターバックスが店舗の拡大を始めた頃、一番お金をかけたのがロケーショニングである。**ビルボードやテレビＣＭ枠の確保にお金を費やす代わりに、土地を買い、次々に店舗をオープンしていった。

目立つロケーショニングに加えてテイスティングサービスや口コミが功を奏し、スターバックスは独特の宣伝方法で注目を集める存在となった。これこそ最高のマーケティングだ。

近隣の飲食店はライバルではない

店そのものが広告塔であるという考えは今でも変わらない。**店舗は顧客に買いたいという衝動を起こさせるきっかけだとスターバックスは位置づけている。**

例えば、クリーニング店やレンタルビデオショップの近くに店を構えれば、仕事に向かう途中クリーニング店に洋服を預ける人や帰り道にレンタルビデオを借りる人たちの目につくのは必至である。

同じことは他の飲食店にもいえる。スターバックスができたからといって、地元のベーグルショップや家族経営のコーヒーショップが閉店に追い込まれるということにはならない。

それどころか、ハワード・シュルツが著書『スターバックス成功物語』（日経BP社刊）で指摘するように、スターバックスはスペシャルティコーヒーについて人々を啓蒙し、気軽に立ち寄れる場所のひとつとして存在する。その地域に人が集まるようになるので、実際はその地域の他の企業も恩恵を受けることになるのだ。

それに、スターバックスは最高の立地を求めて膨大な調査を行っているので、スターバックスの店舗周辺に立地を決める企業も多い。

広告としてのロケーショニングにまつわる法則は基本的なものである。たいていの場合、基本的なものこそがうまくいく。ロケーショニングはもう不動産業界にとってだけ重要なものではない。

考えてみよう

□あなたの会社がある場所は、お客様にどんな印象を与えているだろうか？

□会社の立地戦略を、ブランド認知の向上と売上増加にどのように結びつけられるだろうか？

□あなたの会社がそこにあることで、近隣の企業にどのような効果（ポジティブ／ネガティブ）を与えているだろうか？　ポジティブな効果を高めるためには、何をどう変えればいいか？

12

お客様に伝えるべきは「特徴」ではなく「効用」である。

人々の感情という殻を破り、心に入り込むためには、地道なコミュニケーション活動が必要だ。洗剤のコマーシャルのように押しつけがましくなってはいけない。

ハワード・シュルツ
（シアトルでの社内プレゼンにて）

マーケティングの入門講座では、「商品を宣伝するときは、機能ではなく特徴を伝えることに焦点を置きなさい」と習う。

例えば、通信用無線ＬＡＮ機能がついたノートパソコンを宣伝しようとする場合、機能だけを宣伝すると、どう使用するかではなく商品についてばかり話すことになってしまう。無線ＬＡＮが使えるノートパソコンを持つことの「特徴」は、インターネットにコードレスで接続できることであり、宣伝ではそのことを強調せよというわけだ。

まったくその通りである。だがスターバックスは、お客様が究極に得たいと望む体験と感性に基づいた関係をお客様と深く築けるよう、提供するあらゆるものの「特徴」から得られる「効用」を伝えることに専念している。

例えばスターバックスの音楽レーベル「Hear Music（ヒアミュージック）」からリリースされた、最新のコンピレーションアルバムがもつ特徴からどんな効用を得ることができるのか？　このＣＤはセンスのいい曲を選りすぐって編集されているので、お客様の音楽センスが磨かれ、ひいては友人たちから音楽通に見られるようになるという効用が考えられる。

お客様は「体験」にお金を払っている

では、ジンジャーブレッドラテの「特徴」から得られる「効用」は何だろう？

従来どおりのマーケティングだと、商品の「特徴」として風味を伝えるだけにとどまるだろう。確かに、ドリンクの風味が売りであることは事実だ。

だが、ドリンクを味わった人が風味から本当に得るものは何か？　ジンジャーとシナモンの風味が利いたラテを味わうと、子ども時代に休みが嬉しくて大喜びした、純粋で無邪気だった頃を思い出させてくれる。**これが、風味という「特徴」がもたらす「効用」である。**

スターバックスは、お客様は単にコーヒーを買っているのではないと理解している。スターバックスでコーヒーを買う人は、ここでしか味わえない、心地よくくつろげる雰囲気でコーヒーを飲むというスターバックス体験《エクスペリエンス》にお金を払っている。

「ケニア」コーヒーを1袋買うときには、探検から戻り、キャンプファイヤーを囲む夕暮れに馳せる思いを、「ブレックファーストブレンド」を買うときは、最愛の人と一緒にのんびりした日曜日の朝を過ごすようなくつろいだ気持ちも買うのである。

特徴から得られる効用は、お客様を望むところに連れていってくれる。商品を個人的なものにする。スターバックスでは、店内の掲示物、パッケージのデザイン、ドリンクの名称、宣伝用のパンフレットを通して、特徴から得られる効用をお客様に伝えている。

スターバックスのバリスタは、コーヒーの味をどう表現するか？

特徴から得られる効用を伝える相手は、お客様だけにとどまらない。スターバックスは、従業員にもその効用を感じとらせている。

コーヒーについて語るときは、おきまりの味気ない表現ではなく、自分が心に感じた表現で語るよう、バリスタは教育されている。よって、バリスタがお客様にコーヒーについて語るときは、「力強い酸味」だとか「エレガントで華やかな」などの分かりづらい表現ではなく、バリスタ自身がコーヒーの香りを嗅ぎ、味わったときに感じた気持ちを言葉で表現する。

あるバリスタは、滑らかでコクのある味わいの「クリスマスブレンド」を、パチパチと音のする暖炉のそばで小説を読みながら、ふかふかの毛布にくるまっているときの気持ちになぞらえて表現するかもしれない。また、深いコクと大地のような香りのする「スラウェシ」コーヒーについてセレナーデを奏でるジョン・コルトレーンのサックスを家中に流しながら新聞を読んでいる気楽な日曜日の朝にぴったりであると表現するバリスタもいるだろう。

一人ひとりが自分だけの特別なものに感じるようになると、商品はますます有意義なものになる。そうするには、商品の特徴だけでなく、特徴がもたらす効用についても伝える必要がある。

考えてみよう

□人気の高い商品やサービスが提供する「効用」とはどのようなものか？　まずその商品やサービスの「特徴」について知り、次にお客様がそこから得ている体験《エクスペリエンス》がどんなものかを自ら経験してはじめて、その商品やサービスがお客様個人にもたらす「効用」を理解することができる。

□あなたが扱っている商品やサービスのマーケティング資料やコピーを見直そう。それ

は「機能」を伝えているのか、「特徴」を伝えているのか、使用体験から得られる「効用」を伝えているのか？

13

マーケティングは真実を語るものであれ。

どこで何をしていても、私たち消費者の周りにはマーケティングメッセージがあふれている。そして今日の消費者は、少しでも誠意のないものや嘘っぽいものを敏感に感じとる。マーケティングを大がかりな宣伝だと受け止めている世間の認識を正すには、信頼できるマーケティングでなければならない。

スターバックスのマーケティング部門では、マーケティングプログラムをつくって実施する場合、暗黙の6つのルールに従うことになっている。信頼できるものであること、メッセージ性がありブランドにふさわしいものであること、そしてアピールする商品のスターバックスらしさを伝えることをプランに盛り込むためのルールである。

スターバックスのマーケティング暗黙のルール

①誠実で信頼できる

誠実で信頼できるものといえば、いれたてのコーヒーである。マーケティングメッセージも、店でいれるコーヒーと同様に誠実で信頼できるものでなければならない。スターバックスは、そう考える。

そのために、お客様自身、そしてそのお客様がスターバックスに求めることと期待することについて理解しようと懸命に努力してきた。このことは、2006年春にニューヨーク・タイムズ紙と組んで実施したプロモーションの誠実さからもうかがえる。

このプロモーションは1ヶ月にわたるもので、スターバックスの店舗で新聞の日曜版を購入し、そこに挟まれたスターバックスの折り込みチラシのクロスワードパズルを完成させて応募するというものだった。数独や流行りのゲームを取り入れたパズル大会をマーケティングプランに選んだことは理にかなっていた。コーヒーを飲みながらクロスワードパズルを解くことを、普段からちょっとしたくつろぎのひとときとして楽しんでいるお客様は実際に多かったのだ。

このプロモーションは、スターバックスの利用目的のひとつとして多くの人が実際に行っていることにスポットを当て、店との交流をさらに深めるところが、誠実さの表れとなっている。派手なプロモーションを行う代わりに、お客様に誠実であり続けた。お客様に誠実であり続けようとすれば、マーケティングも誠実なものとなるのだ。

スターバックスのマーケティング暗黙のルール
②気分を喚起する(押しつけは×!)

スターバックスのマーケティングでは、説教じみた決まり文句がメッセージとしてあらわれることはない。言葉は、場所、心地よさ、訴える内容をイメージさせるものでなければならない。

気分を喚起する一案として、「私に言わせれば……」というキャンペーンを行い、店内での議論や会話を盛り上げたことがある。このキャンペーンでは、チャック・D（ミュージシャン）、クインシー・ジョーンズ（音楽プロデューサー）、ディーパック・チョプラ（スピリチュアルリーダー、学者／作家）、リック・ウォレン（牧師／作家）、ミシェル・クワン（フィギュアスケート選手）、アーミステッド・モーピン（小説家）ら、著名人の言葉をカップに印字した。

2005年に始まったこのキャンペーンは大きな反響を呼んだ。スターバックスは日頃から古き良き時代のカフェの伝統を重んじており、その象徴ともいえる「会話」の火つけ役になり、意見を交わし合うときの理想の場所というイメージを人々に抱いてもらいたいという思いから、このキャンペーンを行った。キャンペーンのコンセプトが深く浸透するにつれてスターバックスファンが議論に参加するようになり、来店したお客様の声もカップに記載するようになった。

スターバックスのマーケティング暗黙のルール
③他社については一切触れない

スターバックスは、どんなマーケティングにも競合他社を引き合いにだすことは決してしない。他社に関心を集めたくないからである。

だから、フラペチーノという新商品の宣伝でも、他社の類似商品と比べるような広告はしない。米国で公正取引認定されたコーヒーを調達し、焙煎し、販売しているとスターバックスは公言しているが、そのときも意図的に、同様の認定コーヒーを扱う他社を引き合いにださないことにしている。こうして、注目してもらいたいところ、すなわち自社に注目を集めている。

スターバックスのマーケティング暗黙のルール
④従業員のコミットメントを高める

従業員を尊重しないプラン、自分には関係がないと感じるプランは、お客様も同じように感じるに違いない。お客様にマーケティングメッセージを伝える役割を果たしているのは、他でもない、店舗で働く従業員なのだから。それに、自分に結びつかないプランをお客様に結びつけることは無理だろう。

毎年11月になると、期間限定の主力商品である「クリスマスブレンド」の販売を開始する。非常に人気のある商品なので、急速に需要が伸びる、店にとっても従業員にとっても大事な時季である。クリスマスブレンドの発売は、ハワード・シュルツが各店舗マネジャーにボイスメールで販売開始を告げた日の朝から開始する。コーヒープレスでいれたコーヒーを飲み、シアトルの自宅から早朝にボイスメールを送信し、シュルツ自身、家族、そしてスターバックスにとってのホリデーの思い出を分かち合うのだ。

スターバックスのマーケティング暗黙のルール
⑤約束したことは必ず守る

約束を守らないことほどお客様をがっかりさせることはない。**誠実なマーケティングは、約束を守ることと密接に結びついている。**それは、地域のチャリティ活動の支援、従業員に対する手当の保証、完璧なエスプレッソの提供など、約束したことすべてにかかわってくる。

スターバックスは約束を守ることに忠実で、掲示する写真も厳選する。絵に描いたような、完璧すぎるドリンクの写真が店内に飾られていたら、マーケティング担当者は顔をしかめるだろう。次回スターバックスを訪れたときには、ドリンクを待つ間に写真を見てもらいたい。

例えばマーブルモカマキアートでは、泡状のミルクにかかったチョコレートの細い格子模様でさえ、ほんの少し模様が乱れている。**ちょうどバリスタがつくったばかりに見えるほど本物のように見せたいという気持ちから、わずかながら完璧さを欠くものにしているのだ。**完璧なチョコレートソースの格子模様が描ける人間はいないのだからと、あえて実物の写真を使っているのだ。

一般的なファーストフード企業の広告と比較してみよう。厚みのあるバーガーパティに真っ赤に熟したトマトと新鮮なレタスがかぶさり、厚切りのタマネギが焼きたてのバンズの上にのっている。現実には、まずありえない話だ！　実際には、包みをあけると黄色っぽいトマトにしなびたレタス、申し訳程度のタマネギ、ぺらぺらのバーガーパティが挟まった、押しつぶされたハンバーガーとの対面である。そのときにはもう支払いは済ませてしまっている……。苦情を言ったとしても、同じようなハンバーガーを渡されるのが関の山だ。

この手の企業にとって、マーケティングはお客様を呼び寄せる手段であり、注文を済ませてくれれば、あとはどうでもいいのである。残念ながら、世間ではそれが当たり前のこととして受け止められるようになってしまった。

スターバックスにとってのマーケティングは、**消費者に新しいものを体験したいと思わせ、良い気分になってもらうための手段であって、店での体験、商品そのものが何よりも大切なのである。**スターバックスでは現実の一つひとつが大事になるのだ。

スターバックスのマーケティング暗黙のルール
⑥消費者のインテリジェンスを尊重

スターバックスではお客様のことを、「興味を持たせるべき、興味深い存在」と捉えている。彼らは常に、いろいろな物事にアンテナを張り、広い興味や関心を持っている。

スターバックスは、彼らの興味や関心をこちら側にむけさせるべく、企業としてのメッセージの伝え方からパッケージの細部に至るまで、教養を感じさせるアプローチをとって伝えるようにしている。また、コーヒーをワインさながらに扱う姿勢を貫いている。ワイン通はさまざまな品種やブレンドの複雑な味わいを学ぶことで繊細なものを鑑評する舌をもち、自分の関心を満たすことに喜んでお金を使う。ワインのラベルに葡萄の産地と最初のひと口に感じとれる風味が書かれているように、コーヒー豆のパッケージには、コーヒーの産地とロースティング（焙煎）プロセスを記載している。

またスターバックスは、お客様のインテリジェンスを尊重する意味で、「グランデがLサイズで、トールがMサイズ」という表示は店内にしていない。「ノンファットラテ、ダブルトール、カフェインハーフ、バニラシロップ追加で」と初めて注文するときはちょっと戸惑うかもしれないが、一度注文すると親しみがわき、スターバックスの一員になったような気持ちになる。

ほとんどのファーストフード店が提供するセット商品を扱わないのも同じ理由からである。お客様一人ひとりの好みに合ったものを注文できるようにしたいと考えてのことだ。もちろん完璧な企業など存在しない。レジの横にセット商品を案内するディスプレイをしていた時期もあった。「パーフェクトペア」という名の、スコーンとコーヒーのセットだ。店内の目立つところに掲示していたが、ハワード・シュルツがある店舗でそれを目にすると、すぐに、その無粋な掲示物の全撤去を命じた。そのディスプレイはお客様を尊重するものではなく、ファーストフード店のような印象を与えるものであり、そして会社に対して誠実なものではなかった。

ディスプレイはただちに全店舗から撤去され、マーケティング担当者たちは、誠実なマーケティングの暗黙のルールにそぐわないプロモーションだったと気づかされた。

ブランドを構築し、自らに誠実な企業として成長していくということは、完成するということではない。常に進歩し続けていくということであり、間違った行動に気がつき、間違いを正すことができる能力があるということである。こうして進歩を遂げていくことで、強い企業はさらに前進していくのだ。

考えてみよう

- □ **あなたの会社のマーケティング資料は、会社の使命《ミッション》や信頼性を正しく反映しているか？**
- □ **宣伝や広告で、競合他社の欠点をあげつらってはいないか？**
- □ **あなたの会社ではお客様のインテリジェンスを尊重しているだろうか？**

14

グッズは関連性のあるものに限るべし。

スターバックスにおけるグッズの売上は、店舗全体の10％程度ではあるが、グッズがスターバックス体験《エクスペリエンス》を引き立たせ、際立たせる重要なアイテムであることは間違いない。たとえば、**ステンレス製のタンブラーが通勤者の必須アイテムとなったのは、スターバックスが広めたことである。**

スターバックスは長年にわたってグッズ展開を試み、さまざまな結果を得た。透明なゴミ箱は売れなかった。洒落た鉛筆削りやTシャツも売れなかった。でも、イタリア製の陶器は人気があり、クラニウム社製などのボードゲームはよく売れた。

スターバックスは流行をつくりだす企業と思われているので、競合のコーヒー会社や、グッズを制作するさまざまな企業も、スターバックスがそのグッズを販売しようと決めた理由を理解しようと必死になる。

グッズのラインナップを揃えるにあたってリスクはつきものだが、スターバックスはそこに内在するリスクを軽減するため、以下の5つの暗黙の指針を忠実に守ることで、グッズの妥当性をはかっている。

ぜひ参考にしていただきたい。

①スターバックスコーヒーと同じく上質なものであること
②コーヒー、あるいは「コーヒーを楽しむひととき」に直接関係していること
③さまざまな工夫や、スターバックス独自のスタイルを加えることで、他にはない優れた品にできるものであること
④スーパーやインターネットなど、スターバックスの店舗以外でも入手可能にできるものであること
⑤店内、自宅、職場、または仕事中に、「値打ちあるひととき」を提供できるものであること

考えてみよう

□あなたの会社が扱っている商品とグッズとの間に関連性はあるか？　グッズを企画する際に指針を設けているか、または直感に頼っているのか？　それとも、この2つを組み合わせているだろうか？

□ここで紹介したスターバックスのグッズ指針を参照することで、あなたの会社のグッズ販売計画に適するもの、適さないもの、また、多少修正すれば使えるものをそれぞれ見極めてみよう。

15

広告よりもモノを
言うもの——
それは「行動」である。

マーケティングにいくら資金を投じても、内容が伴わなければ、企業の消滅を早めるだけだ。

スコット・ベドベリ
『なぜみんなスターバックスに行きたがるのか?』(講談社刊)より

「売上が下がっている、さてどうしたものか」という問いに、広告キャンペーンを行えばいいと答えるマーケティング担当者は多いだろう。だがスターバックスの場合は違う。

1987年から97年の間にスターバックスが広告に使った金額は、1000万ドルに満たなかった。この規模の株式公開企業、それも成長を続けているブランドとしては極めて少ない額で、このような例は他に聞いたことがない。

（ちなみに、2006年スーパーボウル放映中の30秒スポットCMの金額は250万ドルだった。コカ・コーラとペプシは広告費として2、3日で1000万ドルを使う。こうした企業と比べると、いかにスターバックスの広告費が少ないかお分かりだろう）

スターバックスが大手企業ではなかった頃、広告費の捻出は一番後回しにされていた。だが会社が大きくなり、事業とブランドが呼応して確立されるにつれ、とても大切なことに気がついた。それは「**口コミが企業にとって最高の広告である**」ということだった。

口コミを金で手に入れるやり方を模索する者も多いが、消費者の声はいまだに金で買うことはできない。ブランドのストーリーをありのままに語ったとしても、多数のライバル企業の広告メッセージがひしめき合うなかでは次第に疑念がもたれるようになるだろう。

肝心なのは「**注目されたいなら、注目に値するものでなければならない**」ということだ。

メディア広告の次に来るものは？

セス・ゴーディンは著書『「紫の牛」を売れ！』で、「テレビを中心としたメディア広告」の次にくる新しいマーケティングモデルを、フォルクスワーゲン社（ＶＷ）の元祖ビートルとデザインを一新したニュービートルの成功を例に挙げて比較紹介している。

元祖ビートルは米国では長年人気がなかった。だが、１９５９年に前衛的な広告代理店、ドイル・デーン・バーンバックと提携し、今なお語り継がれるほどのメディア広告キャンペーンを展開した。それから40年後、当時製造中止になっていたビートルをモデルチェンジしたときは、人々の購買意欲を高めるために広告に頼ることはなかった。流線形の丸みを帯びたデザインとスポーツカー並みのハンドリングに自然と注目が集まったのだ。

その車に夢中になった自動車業界誌や消費者の間で話題となり、車の特徴ともいえる魅力的なデザインも手伝って、誰もが「欲しい」と思う車になった。「角張ったSUVばかりの道路に丸いデザインのビートルが通ることが宣伝になった」とゴーディンは記している。

マーケティング担当者たちは、消費者のニーズではなくウォンツを満足させなければならない、素晴らしい新境地に直面している。なのに、広告は徐々に、以前ほど消費者にインパクトを与えなくなってきている。声高にメッセージを繰り返せば繰り返すほど、耳を貸さない人が増えていく。

スターバックスのマーケティング部門は、広告万能主義の立場をとらない。つまり、いかなる状況でも広告に信頼を置くかというと、そうでない可能性もあるということだ。広告に対して懸念を抱いており、広告をすれば売上が必ず増加するという信頼の仕方はしないというスタンスである。

何も広告を「全面的に」否定しているわけではない。ただ、売上を伸ばしブランドを育成するにはもっと有効な手段があると知っているだけだ。

顧客《カスタマー》エクスペリエンスにこそお金をかける

スターバックスのマーケティングは、言葉で表現するというより行動で示す。立派な広告にお金をかけるよりも、顧客《カスタマー》エクスペリエンスをより素晴らしいものにしようと、マーケティング資金の多くを次のことにあてている。

●メニューに個性的なドリンクを増やす
●店内でコーヒーを飲みながら楽しめる無線ＬＡＮと、音楽ＣＤ作成ができる設備を整える
●座り心地のいいソファと読書用のテーブルを増やす
●サービスのスピード向上のため、従業員の数を増やす

こうした活動はスターバックスにとってのマーケティング活動である。お客様の体験《エクスペリエンス》を生みだすことがスターバックスにとって「一番のマーケティング」なのだ。

従来型の広告をあまり行わないことで、誠実で信頼性が高いというイメージが強くなったというお客様からの声も届いている。信憑性のない従来型の広告などスターバックスには不要だと思っている人がスターバックスのお客様には多い。

スターバックスにとって有効なのは広告ではない。行動で示すことが、売上の増大とブランド育成に最も有効な方法なのである。

考えてみよう

□あなたの会社が行っている広告キャンペーンが目指すゴールは何か？　広告さえすれば商品やサービスと顧客エクスペリエンスが改善され、ブランドが確立できると信じてはいないだろうか？

□マーケティング予算を自由に使えるとする。広告ばかりではなく、会社の「らしさ」を表し、行動で示すことを中心にしたベストな予算の割り当てを考えてみよう。

16

数を絞って実行すれば、
より大きく、優れた
成果が得られる。

正直なところ、数を絞って実行し、より大きな優れた結果を実現するという教訓はまだスターバックスでは完全に生かしきれていない。

「栓を差し込む前に抜け」はずっと以前からある社内スローガンだ。どういう意味かというと、「**新ドリンクを発売するときはメニューから別のドリンクを外し、新しいマーケティングプログラムに着手するときは、プログラムを一つ手放せ**」ということである。

ただし、この栓を抜くということが、スターバックスでは計画通りに進まなかった。

10年前、スターバックスのメニューの数は今よりもずっと少なかった。でも、ドリンクのカスタマイズは当時から可能で、その種類は1万通りにもなった。今ではメニューが増え、カスタマイズの種類は5万5千通り以上もある。また、さまざまな企業と、さまざまな形で手広く提携策をとっている。まだまだ他にもやりがいのある構想がたくさん持ちかけられているのだが、これでもその**99・5%を断っている**のだ。

スターバックスは、やりがいのあるプロジェクトにはどれも積極的に取り組んでいきたいという意欲に満ちた企業である。それに、常に面白そうなプロジェクトのオファーが殺到する状態にあるので、マーケティング担当者らは、数を絞って大きい成功を得ることが一番だと自分に言い聞かせなければならない。

「少ないマーケティングプログラムに専念するとより大きなプログラムをつくることになり、より大きなプログラムは最終的により良い結果をもたらす」というのがスターバックスでのマーケティング理念である。しかし新しい一歩を踏み出すときは、この哲学をどの程度うまく管理できるか正直わからない。

映画のプロモーションは正解だったか？

『ニューヨーク・タイムズ』紙と共同で行った「究極のカフェクロスワードに挑戦」は完璧にその理念に沿っていたので、望んだ通りの結果となった。

だが、ライオンズゲート・フィルムの『Akeelah and the Bee』（アキーラ・アンド・ザ・ビー、日本未公開）のプロモーションは、これまで築いてきた企業の誠実さから多少譲歩したところがあったかもしれない。

映画の宣伝は、ファーストフード店がハリウッドブロックバスターと共同して行うときにやりがちなプロモーションとはまったく違ったものだった。この映画は、11歳のアフリカ系アメリカ人の少女アキーラがスペリングビー（綴りの難しい単語のスペルを正しく綴ることを競う大会）の全国大会に出場するまでの物語で、インディペンデント系の後味のいい作品である。恐らく典型的なスターバックス好きに受ける映画だといえるだろう。

また、プロモーションにかかる費用はただ同然だった。というのも、興行収入の一部（金額はたいしたものでなかった）、グッズ収入、テレビ放映権、サウンドトラックCDとDVDの売上げの一部をもらえることになっていたのだ。何百万ドルという歳入が直接収益となる。要するに、財政的なリスクはゼロで、得るのは利益だけだったのである。

だが、スターバックスのお客様や従業員の信頼を裏切ったという点ではどうか。このプロモーションはお客様がスターバックス店舗で体験することはほぼ無関係なので、マーケティングの駒に利用されたと感じる人がいたかもしれない。

スターバックスの言い分はこうだろう。考えさせられ、心揺さぶられる見応えのある映画を、映画に使われた音楽と合わせて紹介し、映画を知るきっかけを与えたことが、お客様にとってプラスの効果であると。

だが、マーケティングプロモーションに関する独自のルールを違反したという見方もあるだろう。それに、新たなマーケティングプログラムを追加したことにもなる。数を絞って大きくより良い結果をだすどころか、数が増えている。

将来的に、このプログラムは価値あるものとなっているかどうかは分からない。結局、大事なのは、今後同じことをスターバックスがするかしないかである。数を絞ったほうがより効果的な結果が得られると、スターバックスは本能で理解している。同時に複数のマーケティングプログラムを実行しようとしても成功は見込めない。お客様は混乱し、プログラムを仕掛けた当の本人は、すべてを管理しようとすることに疲れ果ててしまうだろう。

考えてみよう

□お客様や従業員は、会社のプロモーション活動に対してどんな反応を示しているか？全部把握できないほどの数か？　それぞれのプログラムは十分なインパクトを与えることのできるプログラムか？　プログラムは、会社が提供する体験にそっているか？

□ここ1年にあなたの会社が行ったマーケティングプログラムを振り返ってみよう。一番印象に残っているものはどれか？　お客様や従業員が今でも話題にするプログラムはどれか？　全部のプログラムのうち、今にして思えば、半分はやらなくてもよかったと思わなかっただろうか？

17

常にチャレンジャースピリットを持ち続けよ。

会社は利益ではなく、信条と社員を中心に据えて経営すれば、設立時の情熱と個性を失うことなく、大きく成長することができるのです。

ハワード・シュルツ
『スターバックスコーヒー　豆と、人と、心と。』
（ジョン・シモンズ、ソフトバンククリエイティブ刊）より

シグモイドカーブと呼ばれるライフサイクルモデルがある。これは、障害のある出だし、急速な上昇、輝かしい頂点、ゆっくりとした下降を、Sを横にしたような形のカーブで表すものであり、ビジネス、ブランドの成功にはもちろん、アイデアにさえ当てはめることができる。

経営学の権威、チャールズ・ハンディは著書『パラドックスの時代――大転換期の意識革命』（ジャパンタイムズ刊）でこのモデルについて次のように論じている。新しいアイデアをつくる、すなわち新しいカーブが始まるのにふさわしい時期は、頂点に達しようとするとき（A）であり、頂点を過ぎてからでは遅い、カーブの下降が始まってしまってからでは手遅れである（B）、と。（次ページの図を参照）

ゴリアテの座につくか、ダビデに戻るか

簡単なように聞こえるが、現実にはどうすればいいのか？

ゴリアテ（大企業）になろうとしているのに、またダビデ（中小企業）に戻りたいと思うだろうか。もう一度ダビデに戻るのはロマンがあるかもしれないが、ダビデはどうみても勝

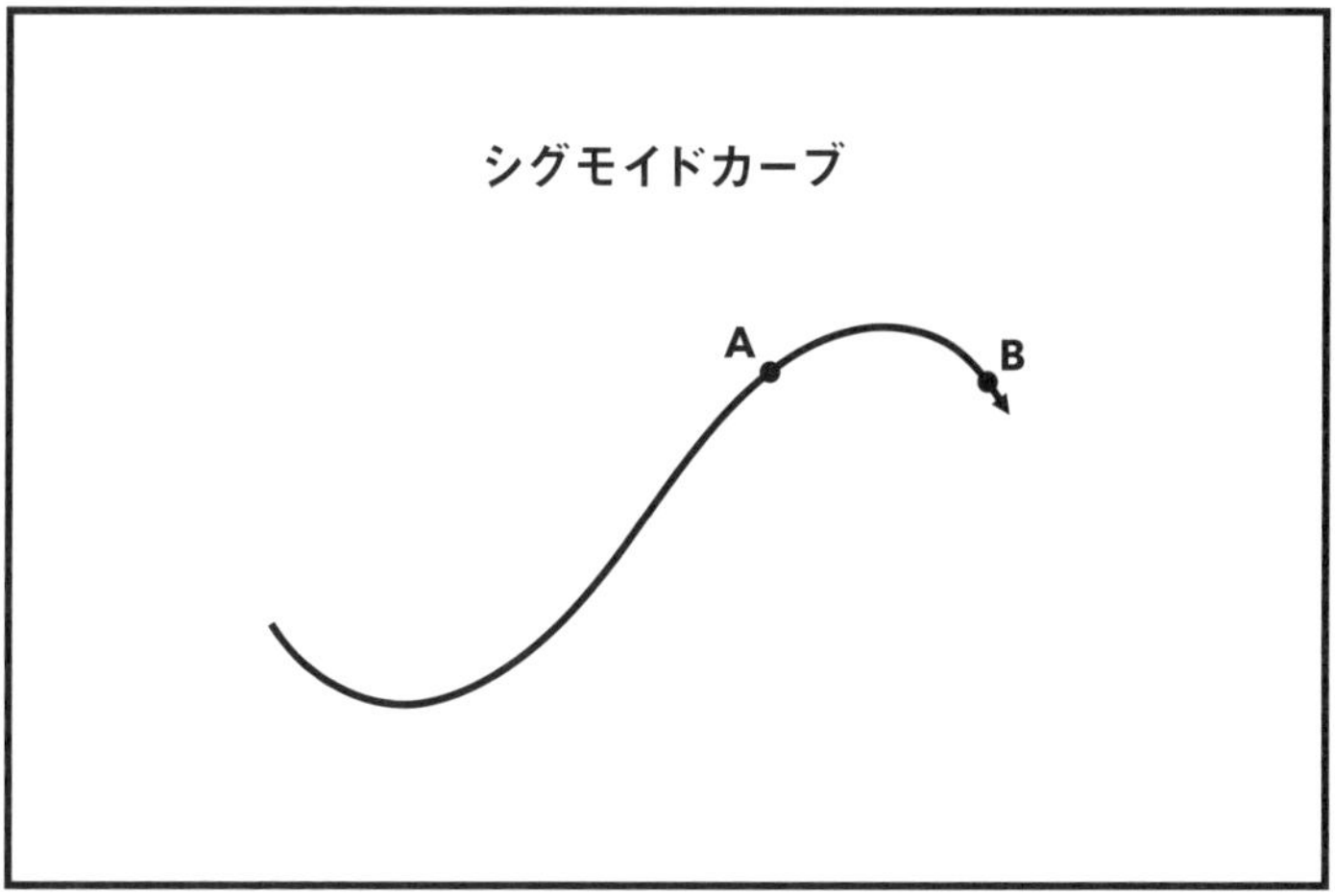

ち目のない弱者だった。とはいえ、ゴリアテになる＝頂上にのぼりつめるということは、あとはゴリアテを倒すダビデの到来を待つだけになってしまう。

スターバックスは、長らくスペシャルティコーヒー業界のダビデだったが、ゴリアテになった。市場シェアでも、顧客《カスタマー》の心のつかみ方でも、他社を圧倒している。なのに、業界のゴリアテの座につこうとしない。スターバックスはもう、コーヒー業界の他の企業と競うつもりはないのである。

今のスターバックスの人気と企業体力があれば、コーヒー「ブランド」からドリンクの「顔」になることが可能だ。だが、コカ・コーラやペプシのようなドリンクの顔として定着している超巨大企業が相手では、スターバックスは新参者である。確かに、ドリンク販売業界のゴリアテとして君臨するペプシの300億ドル、コカ・コーラの225億ドルという年商に、65億ドルでは相手にならない。

他の企業の販売戦略を参考にするか

自ら新しくライバルと目した相手に近づこうと、スターバックスは何を行っているのか。ひとつには、他の企業のやり方を参考にしていることが挙げられる。

コカ・コーラのダイエットブラックチェリーバニラコークと、スターバックスのマーブルモカマキアートを比べてみよう。どちらも最初は限定商品（バニラコークとキャラメルマキアート）として売り出し、徐々にそのバリエーションを増やしていった。またマクドナルドのマックリブやシェイクなどの「期間限定商品」にならい、ホリデーシーズンを特徴づけるドリンクの販売を始めた。パンプキンスパイスラテやペパーミントモカなどは多少高くてもよく売れ、通常のメニューに花を添えてくれるし、毎年の全体の売上の増大に一役買っている。

このように、大企業の販売戦略を真似るとある程度は売上が伸びるが、そのおかげでスターバックスの今があるわけではない。強力なブランドとなったのは、スペシャルティコーヒー業界でトップになったからであり、そうなったのは商品に対して情熱をもっているからだ。

ドリンク業界の顔となるには、努力、莫大な資金、そして変わらぬ情熱が必要だ。自らリスクを背負い、大きな舞台でゴリアテに立ち向かっていくことで、会社に活気がでる。対戦相手が変われればなおのこと、従業員は対抗意識を燃やす。ほとんどの人はゴリアテではなく、ダビデを応援する。従業員から応援される会社が最高の会社である。自ら小となって大を目指せば、お客様と従業員も同じ気持ちになってくれる。

スターバックスは成功しゴリアテとなった。だが、再びダビデとなるために、もっと大きなゴリアテに対抗しようと自らを見直し、別の立場に立つことを決めた。ゴリアテでい続けるよりも、はるかに刺激的な立場を目指すのだ。

考えてみよう

□あなたが関わる業界において、ゴリアテとダビデはどの企業か？

□どれほど大きくなってもダビデの心意気を忘れないようにするには、どうすればいいか？

第2章

スターバックスの
サービスに学ぶ

18

注目に値することが注目される。

スターバックスが提供する〝心に残る顧客《カスタマー》エクスペリエンス〟は「注目をひく法則」に従っている。この法則はあまり知られていないが、要は「**注目に値することが注目される**」ということだ。

心に残る体験をしてもらおうと努力している甲斐あって、スターバックス体験《エクスペリエンス》を味わったお客様は、その魅力について友人や家族に話すことが多い。お客様がスターバックスのドリンクやコーヒーについて仲のいい友人たちに話してくれると、スターバックスにとっては、テレビＣＭや広告キャンペーンよりもはるかに効果的な宣伝になる。

広告に踊らされず、お客様が価値を認めた商品やサービスについて自らの意思で話題にすることこそが、本物の口コミである。

口コミは非常に強力なマーケティングツールである。事実、顧客の購買判断に最も影響を及ぼすのは、従来のツール（テレビ、ラジオ、印刷物）でも、従来とは違ったツール（クーポン、インターネット広告、店内プロモーション）でもなく、口コミマーケティングであると、多くの研究で証明されている。

口コミはどうすれば広まるか？

だが、お客様に口コミを広めてもらうには、注目に値するだけの商品、サービス、体験を提供しなければならない。セス・ゴーディンの『「紫の牛」を売れ！』には「競争の激しい市場では、目立たないことは存在しないも同然である」という一節がある。注目に値するだけの商品でない限り、消費者が話題にすることはないというわけだ。

口コミはその性質上、操作できない。自然に起こるものである。うわさ話がコントロールできないように、口コミの評判もコントロールすることはできない。消費者は、言いたいことを好きなときに好きな場所で話す。話す理由も人それぞれだ。口コミマーケティングの場合、企業側でコントロールできるのは、注目をひくという要素だけなのである。

確かに口コミマーケティングはコントロールできないが、しかし口コミを起こすきっかけをつくることはできる。一個人として親切丁寧に扱われたうえに自分好みにカスタマイズされたドリンクが出てくるという最高のスターバックス体験《エクスペリエンス》を味わうと、お客様は友人に思わず話してしまう。ある意味これは、「あちらの方が食べているものをいただくわ」という古典的なケースを、スターバックスが最大限に利用したといえるだろう。

注文のドミノ効果をねらえ

1995年の春、スターバックスはクリーミーで冷たいドリンク、フラペチーノを発表した。フラペチーノの評判は純粋に口コミのみで広がり驚異的な人気を獲得した。このドリンクには人に話したくなるほどの価値があった。なぜなら、フラペチーノのようなドリンクでこれほどのレベルのものは他になかったのだ。

キンキンに冷えた甘いコーヒーベースのドリンクは、コーヒー消費者にはもちろんのこと、ふだんコーヒーは口にしない人々にとっても魅力的だった。あくまでもコーヒー飲料なのに、その味はまさしくコーヒーそのものだったのだから。コーヒーを普段から飲む人と飲まない人の両方、つまりは誰にとっても魅力的な商品であったこと。これこそフラペチーノが注目に値した理由であり、人々の口にのぼった理由なのだ。

このドリンクの口コミマーケティングは、店内で一口飲んだお客様の一言から始まった。「うわっ！　コーヒーがこんなに美味しいなんて知らなかった」。これが、フラペチーノを初めて飲んだ人の典型的な第一声である。注文の列に並んでいる人たちは、その思わずでてしまった言葉を聞いて、自分が注文する番になったら、「あの人が飲んでいるものを」と言ってしまうのだ。

このフラペチーノの成功は、お客様からお客様、店から店へと起こった「注文のドミノ効果」のおかげであることは明らかである。さらに、口コミはスターバックス店舗の外へも広がった。スターバックスを利用するお客様が、コーヒーを飲まない人にも美味しく飲めるドリンクがスターバックスにあると、広めてくれたのだ。

なぜハリウッド映画や「アリーmyラブ」にスターバックスが登場したのか？

その翌年、スターバックスは誕生25周年を記念して、新しいドリンクを発表した。優しい甘さで幅広い層に受け入れられるドリンク、キャラメルマキアートである。

店内での口コミのドミノ効果で販売は順調だったが、大ブレークするきっかけとなったのは、98年秋に公開された映画『ユー・ガット・メール』で、メグ・ライアンがキャラメルマキアートを注文するシーンである。以来、商品名の発音もままならないのに注文するお客様が増えたのは『ユー・ガット・メール』のおかげだとバリスタは気づいていた。

こう聞くと、大企業が得意とするプロダクトプレイスメント、いわゆる劇中広告だと思うかもしれない。ハリウッド映画のプロデューサーに特定のブランドを登場させるようにしむけた、費用は高くつくが巧妙な策略だと。

だがそうではない。スターバックスは『ユー・ガット・メール』の中で商品を起用してもらうためにお金を払ったわけではない。スターバックスは米国ドラマ「アリーmyラブ」や「セックス・アンド・ザ・シティ」で何度もスターバックスと口にされることや、ロゴ入りのカップの起用についてもお金を払っていない。映画『オースティン・パワーズ』の第1作と第2作でスターバックスは大きな役割を果たしているが、これもお金を払っているわけではない。

むしろ逆で、プロデューサーのほうから、登場人物のイメージを視聴者に植えつけるためにスターバックスブランドを使わせてほしいと言ってきたのだ。

『セルジオ・ジーマンの実践！　広告戦略論』（ダイヤモンド社刊）で、セルジオ・ジーマンはこの種のマーケティング戦略のことを、「お客様にもってほしいイメージや関連性がまだブランドに定着していないなら、それを備えている誰かまたは何かからそのイメージや関連性を借りてくる必要がある」と述べている。

商品の価値と口コミの評判は、どちらが欠けてもうまくいかない

プロダクトプレイスメント料金は一切払っていないものの、テレビ番組や映画のセットにコーヒースタンドを出張オープンし、出演者やスタッフにコーヒーをサービスしている。このサービスは今後もできるだけ行っていく。巧みに形を変えたマーケティング戦略のひとつともいえるが、なんといっても口コミが広がるからだ。

画面に登場する俳優が商品名を口にすると、最終的にはスターバックスのカウンターでお客様がその商品名を口にすることになる。然るべき商品であれば、その商品から発せられる正当なメッセージが、どんな場所からでも誰に対してでも伝えられるものである。

もちろん、注目に値する商品でなければ、どんなに広告が素晴らしくても消費者の意識を惹きつけておくことはできない。スターバックスは、最高のコーヒーを味わうひとときを提供しているという自負がある。そして、何度訪れても十分に満足できるスターバックスの価値を、お客様は理解してくれると信じている。他にはない体験《エクスペリエンス》を提供することで、その体験をした人が、同じ体験をさせたいと思う人につなぐ役割を担ってくれるのである。

スターバックスがお客様を信頼する根底には、自分たちの商品はお客様の心に伝わると信じる思いがあるからだ。

注目をひく法則に従うと、大きな注目を集め、注目される評価が生まれる。スターバックスがビジネスの世界に証明したことである。目覚ましい業績もついてくることは、言うまでもない。

考えてみよう

□あなたの会社の商品が競合他社の商品と著しく異なる点は何か?

□あなたの会社に「注目をひく法則」を当てはめるには、どんなやり方をすればいいだろう?

□従来型の広告をすべてやめても、口コミで成功するだろうか? 難しいと思うなら、口コミで広まる商品やサービスにするためには何をすればいいか?

19

ニーズだけではなく、ウォンツを満たせ。

人とふれあい、自分を豊かにできる大切なひととき。それがスターバックス体験です。世界のどこにいても、一杯のコーヒーを飲むたびにこの体験を味わえるようにすることが、私の最大の目標なのです。

ハワード・シュルツ
（シアトルでの社内プレゼンにて）

理想のライフスタイルというのは誰にでもある。だが、望むとおりの暮らしを送っている人はほとんどいない。

消費者の現実の暮らしと理想の暮らしにはギャップがある――スターバックスでは、そう捉えている。そこで、人とふれあい自分を豊かにしたいという消費者の中にある願望を現実のものにしようと努めている。

消費者のウォンツを引き出し、それを実現できる術を提供することで、競合商品との終りなき差別化競争がなくなる。また、「コモディティ（必需品）化の罠」に落ちるのを防ぐことができる。

成功を収めているビジネスは、消費者のニーズではなくウォンツを満たし、現実とウォンツのギャップを埋めているのである。

米国大手ディスカウントショップチェーン「ターゲット」が掲げる「お望みのものをより安く」というコンセプトは、この原理を見事にあらわしている。値ごろ感で消費者のニーズを満たし、インテリア用品や衣類のデザインの良さでウォンツも満たす。そうして高いお金を払わなくてもおしゃれなものが買えるという思考を消費者に植えつけ、熱烈に支持する顧客層を獲得したのである。

ニーズしか満たさない企業、ウォンツを満たす企業

しかし「ターゲット」はむしろ例外で、消費者のニーズしか満たそうとしない企業がほとんどだ。彼らは、消費者のある特定の「必要とする状態」をピンポイントに満たすための商品やマーケティングプログラムばかり開発しようとする。例えば、喉の渇きを潤すという消費者ニーズを満たすだけの新しい飲料の投入。別の味もほしいという消費者ニーズを満たすだけの既存商品のシリーズ化やラインナップの拡大、などである。

ニーズは必要最低限なものだ。合理的で面白みがなく、すぐにコモディティ化してしまう。ニーズを満たすだけの事業をやっているのは、平凡な企業ばかりに見える。

ウォンツは感情的なものである。理想でありワクワクするものだ。ウォンツは余裕のあるところに生まれる。消費者ウォンツが実現するよう働きかけて、ウォンツを満たそうとしているのは、真に注目に値する企業だけである。こうした企業は、消費者に、費用は惜しくないと思わせる。高級車、豪華な食事、一杯4ドルのコーヒー。商品は何であっても、ウォンツを満たす企業は、消費者の暮らしを理想の暮らしに近づけてくれる。

今やスターバックスは手軽に利用できるようになった。どんなに手軽になっても、お客

様はスターバックスを高く評価してくれている。評価が高いということは、つまり「ウォンツ」を満たしているということである。

キャラメルマキアートも、フラペチーノも必需品ではない。スターバックスの居心地のいい椅子がなくても生活に支障はない。だが、こうしたなくても困らないものこそ、お客様が切望し、叶えられてしかるべきものだとスターバックスは考える。

最高のコーヒー、一人ひとりに合った体験《エクスペリエンス》、そして必要なものを満たすだけの生活から逃げ出す機会を提供することで、お客様はくつろいだひとときを過ごせる。この特別感が、現実とウォンツのギャップを埋めてくれるのだ。

ドリンクを飲んでいる数分間、快適な椅子に座ってくつろぐ数時間は、（単にぼんやりとした気持ちになるだけであっても）理想が叶えられているのだ。この「ウォンツを満たしたい」という感情で、お客様は繰り返しスターバックスに足を運ぶのである。

考えてみよう

□ **あなたが買い物する店や取引先は、あなたのニーズとウォンツをどのように満たしてくれているか？　両方を満たしてくれる企業はどのくらいあるだろうか？**

20

お客様には、きっぱり「イエス」と言おう。

道徳、法律、倫理に反しないかぎり、お客様が喜んでくださることは何でもやるべきだ。

ハワード・ビーハー
（元スターバックス役員）

スターバックスでは、最高の一杯のコーヒーを出し、完璧なエスプレッソをいれる傍らで、店内のお客様の気持ちが明るくなるように、日常生活に潤いをもたらすひとときとなるように努めている。お客様は、魅力的な音楽が流れリラックスできる雰囲気を備えた店との一体感、そしてバリスタとの交流を求めているからである。

それに応えるべく、店舗で働くバリスタの教育プログラムは、**一般的なお客様サービスではなく、語り継がれるようなお客様サービス**を提供することに焦点をあてている。

だからといって、分厚く長々と説明の書かれたマニュアルに頼りっきりではない。スターバックスは、お客様サービスに焦点をあてた2つのモットーをバリスタの胸に刻み込ませている。

それは「**きっぱり『イエス』と言う**」、そして「**接する、気づく、対応する**」の2つである。

きっぱり「イエス」と言う

お客様サービスにおいて、すぐに言える最も前向きで丁寧な言葉は「イエス」である。

この言葉は、心から満足するお客様を生み出す一番簡単な手段でもあるとスターバックスは捉えている。

それゆえ、スターバックスのバリスタはお客様のウォンツに対してきっぱり「イエス」と答えるよう教育されている。きっぱり「イエス」と言う姿勢は、単に感じがいいだけではない。スターバックスの商品に、ある大きな影響を与えることになったのである。

1980年代後半、ハワード・シュルツがスターバックスをいよいよ全米に広めようとしていたとき、スターバックスは会社のルーツである「本物のコーヒーの提供者」という自負に縛られていた。イタリアのコーヒースタンドにならい、ラテやカプチーノには全乳しか使っていなかった。シュルツがノンファットミルクを扱うかどうかの決断に頭を悩ませていたのは、全乳以外のミルクでつくったラテは完璧なラテではなくなってしまうと感じていたからだ。

当時小売り業務全般の責任者だったハワード・ビーハーがシュルツに再考を促した。ビーハーは、スターバックスにお客様サービスの精神を築いたとシュルツが感謝している人物である。

ある日、ノンファットミルクでカプチーノをつくってもらえなかった女性が店から立ち去るのを見て、シュルツは考えを改めた。

すでに利益を上げている企業にとって、一店舗から一人のお客様を失うのはたいしたことではないかもしれない。だが、スターバックスにとっては一大事である。今では、ドリンクの半数近くが「ノンファットミルクで」とオーダーされている。

それだけではない。お客様が注文したドリンクに満足していない場合、いかなる理由であっても、バリスタはきっぱり「イエス」と言うのがスターバックスのサービスのしきたりである。

どんなことをしてでもお客様が満足するようにする。つまり、直ちにドリンクをつくり直すのだ。

お客様に「イエス」と言うと、「無理なこと」ではなく、「できること」に自然と意識が集中する。バリスタがお客様の要望に「イエス」と答えると、普通のサービスを超えるサービスを提供しようという温かい歓迎ムードが生まれるのだと、スターバックスは捉えている。

接する、気づく、対応する

スターバックスでいう「語り継がれるような顧客サービス」とは、「行為」というよりも、「対応」における話である。つまり、お客様が望んでいることを、たとえそれが心の中の願望であっても、察知して応じることが、心に残るサービスになるとスターバックスは考える。

お客様との交流は、お客様が店に入ってきたときの挨拶か、ちょっとした会話ではかるよう、バリスタは教育されている。こうした交流で、お客様のウォンツをつかむヒントに「気づく」ことになる。

優秀なバリスタは、常連のお客様のことを、その人の名前、またはよく頼むドリンクで覚え、お客様の顔を見ただけで「いつものドリンク」を頭に浮かべられる。また、疲れきったビジネスマンがやってきたら、モカの注文にはホイップクリームの追加が必要だとか、その人の状態にふさわしい新商品のラテはどれかとか、察知できないといけない。そして、両手に子どもを連れた男性や女性には、当然のこととして席までドリンクを運ぶ。

このように、お客様と「接する」ことでウォンツに「気づき」、それに応じた「対応をする」と、お客様は笑顔になり、常連客となるのである。

考えてみよう

□あなたの会社でお客様と接する立場にある社員は、どんな方法で交流をはかっているか、リストアップしてみよう。お客様と有意義な交流をはかることが企業文化として根ざしているだろうか。根ざしていないなら、その理由は？

□あなたの会社は、お客様に対して「イエス」と言っているだろうか。もしそうでないなら、どうすれば、きっぱり「イエス」と言う方針に変えられるだろうか？

21

約束以上のことをせよ。

企業がお客様との約束を遂行するのは誠実さのあらわれであり、お客様との間に信頼を築くうえで欠かせない。また、自社商品やサービスに対するプライドをあらわすことにもなる。

つまるところ、企業がどのように約束を守るかは、企業そのもの、そして企業の存在意義を反映するもの以外の何ものでもない。約束を守る企業は、自分だったらこう扱われたいと思うとおりにお客様を扱っているだけである。

スターバックスがお客様と約束を交わすのは毎日のことである。いれたてのコーヒーを出すことや、注文を受けてすぐに完璧なエスプレッソをいれてドリンクをつくることなど、企業としてお客様に約束していることをきっちり果たそうと日々努めている。

だが、約束を果たすことだけではもはや十分とは言えない。今は、大企業でもそうでなくても、お客様に対して公言していることも暗黙の了解となっていることも、それら以上のことを実行するようにしなければならない。

つまり、お客様が当然と期待していることを上回らないといけないので、社内で定める以上のことをしなければならないのである。

スターバックスの「10分ルール」

スターバックスには、お客様との約束以上に実施していることが数多くある。

例えば、「10分ルール」というものがある。このルールは、店舗に表示されている営業時間よりも10分早く開店し、10分遅く閉店することからこう呼ばれている。10分早い開店は、朝の早いお客様にとってありがたく、10分遅い閉店は、遅くにコーヒーを飲みたくなったお客様にとってありがたいことである。

この10分ルールはスターバックスに最低限求められることとして定着した。表示にある営業時間よりも長く店を開けることは、今では当然のこととなっている。このルールはほんの一例にすぎない。

約束以上のことをするうえで最も重要なのは、日頃から約束以上のことをしようとする、誠実な従業員がいることである（誠実な従業員を雇うことについては、234ページの項で詳しく述べる）。次のようなケースを想像してほしい。

ぐずる子ども二人を連れた女性が店内に入ってきた。女性の両腕は買い物袋でふさがっていて、見るからに疲れきっている。空いている席を見つけ、子どもたちを席につかせようとするが、とてもおとなしく座りそうにない。コーヒーを飲んでほっとする時間が一番必要なのは、まさしくこの女性である。朝の混雑とランチタイムのあいまの時間、この時間帯のバリスタは比較的自由に動ける。バリスタがとるべき行動は？

期待を込めて言うと、バリスタは進んでカウンターから出てこの女性の席へ行き、注文をとるべきである。子どもを従えて注文のためにカウンターまで来なくてもいいようにするのは最低限の配慮だ。トール（Mサイズ）の注文だったらグランデ（Lサイズ）に、または子どもたちの機嫌が直るようマフィンをサービスするところまでお願いしたいところだ。

従業員にこのように配慮できる分別と、小さいながらも意義深い判断をくだせる裁量権があれば、必要なときにいつでも約束以上のことができる。その結果、企業がお客様に約束以上のことを提供することになるのである。

こんな企業の客になりたいと思わない人がいるだろうか？

●「そこまでやってくれたんですか！」

ソルトレイクシティにあるスターバックスで、まぎれもなく顧客志向のサービスを受けたお客様がいる。その人はおそらく数え切れないほど期待以上のサービスを受けたに違いない。クリスマスシーズンになると匿名で１０００ドルの小切手をチップ入れに入れるという行為を、数年にわたって行ったのだから（信じられないかもしれないが実話だ。このような話を聞くと、スターバックスはコーヒーの企業というより、人を相手にする企業ということがよく分かる）。

人からもらって一番嬉しいものは何か考えてみてほしい。「そこまでやってくれたんですか！」と嬉しい驚きを誰かから告げられたことはどのくらいあるだろうか。これこそが約束以上のことをして得られる最高の報酬である。

必要なことや期待される以上のことをやろうという気持ちをもって接しないと、驚きが言葉となってあらわれることはない。そして、そうした気持ちを全員がもつことで、約束以上を実行することが企業文化として社内の隅々にまで定着する。

約束を守ることは大切である。だが、約束以上のことをやろうとすることは、もっともっと大切なことなのだ。

考えてみよう

□あなたの会社で、決まって約束以上に実行していることはあるか？　あるとしたら、それはどんなことか？

□約束以上に実行する企業文化を当たり前のこととして社内に定着させるにあたり、障害となることは何か？

□どんな方針やプログラムをつくれば、約束以上に実行できるようになるか？

22

地域社会にとけ込みなさい。

スターバックスはグローバル企業ではあるが、店舗がある地域の一員としてとけ込むよう努めている。そのため、地域での活動やチャリティイベントに積極的にかかわるようにしている。こうして地域にとけ込むと同時に、グローバルな成長も遂げているのだ。

新しい店舗をオープンするときは、世界のどこの街であろうとプレオープニングイベントを催し、収益をその地域の非営利団体に寄付するということを、今日に至るまで長年行ってきた。売れ残ったペストリーやコーヒーも日常的に寄付している。スターバックスはどこにあってもその街の「集まれる場所」になる。大都会の中心でも、郊外でも、地方の村であってもこの役割は変わらない。

また、顧客《カスタマー》にも協力してもらい、各店舗が運営するチャリティ組織や企業として運営するチャリティ組織を通じて、何百というチャリティ団体に本やおもちゃの寄付も行っている。これまでに行った寄付の件数は500万を超える。

貢献することで、反発を抑える

こうした地域活動に時間と労力を捧げる理由は、企業のミッションとして「地域社会や環境保護に積極的に貢献する」と明確に定めていることがひとつにある。だがそれとは別に、もっと重要な理由がある。スターバックスに対する地域の「反発」を抑えるためである。

スターバックスが急激に店舗数を増やしていくことで、いわゆるどこにでもあるチェーン店の進出を望まない地元の人たちから抵抗を受けるのは有名な話だ。今では、地域の一員としての評判や貢献が、出店先の地域の「反発」を抑え、その地域の中でさらに店舗を増やす道が開けると理解している（215ページ参照）。

地域にとけ込む一環として、「メーク・ユア・マーク」というプログラムを通して従業員のボランティア活動への参加を奨励している。このプログラムは、従業員が非営利団体のためにボランティア活動に従事した時間分の時給を支払うという仕組みだ。2000年からスタートし、米国とカナダの従業員がボランティア活動に参加した時間は、80万時間を超えている。

ところが、たいていの企業は地域社会への貢献で得られる効果を計りかねている。地域での活動やチャリティイベントにかかわったことでの満足度ではなく、ビジネス効果を重視すると、十分な見返りがあるとはいえない。従って、地域活動への貢献を優先しないのだ。

地域への貢献により得られる、5つのビジネス効果

スターバックスは、地域の「反発」を抑えるためだけではなく、次の5つの点での効果を計量化することで、地域社会への貢献は会社にとって必要だと捉えている。

①**従業員の志気が上がり、勤務態度や接客態度が向上する**……店舗で働くバリスタが積極的に地域活動に参加すると、充実感が得られ、その結果、仕事に対する熱意がいっそう高まる。

②**定着率が高まる**……店舗で働く従業員の離職率と地域活動への参加には相関関係がある。スターバックスの従業員としてボランティア活動に深くかかわるほど会社に長く在籍する傾向があるのだ。

③**リーダーシップが身につく**……日に何軒もの店舗をオープンしている企業なので、店舗を管理するリーダーがどんどん必要になる。進んでボランティア活動に取り組むと、

リーダーシップという貴重な能力が身につくので、新しい店舗の責任者にふさわしい人材が育つ。

④ **会社の評判を高める……**地域社会への貢献は、その地域に対する気遣いのあらわれとなり、その地域の一員として認められ信頼されるようになる。また、有能で誠実な人材が集まり、さらに、地域を大事に思う人々の集う場となる。長期にわたって良い評判を維持すれば、世間の信頼が高まるため、会社が厳しい状況に陥ったり、論争やスキャンダルが起こったりしてもこちらに有利に解釈してくれるようになるだろう。地域を活性化することで、フォーチュン誌の「働きたい企業ベスト100」と「米国で最も賞賛される企業トップ10」に、また、ビジネスエシック誌（現CRO誌）の「企業市民ベスト100」に連続してランキングされた。

⑤ **株価が上昇し投資家が集まる……**社会責任に対する世評が高い企業は、投資家の間では一流と見なされる。ロナルド・J・オルソップの著書『レピュテーション・マネジメント』（日本実業出版社刊）によると、投資家は評判の良い企業の株に投資したいと思うので、購買に対する不安（知覚リスク）が和らぐ。

スターバックスは、地域社会への貢献に対するビジネス効果は、従業員との関係から財務にまで及ぶと考えている。42ページの項でも述べたが、スターバックスは評判を非常に重視している。良い評判は地域にとけ込むことで得られる部分もある。世評が高まると、新規顧客や投資家が増え、販売増加につながり、その結果、株価が強くなる。

世界的な有名企業とはいえ、スターバックスは地域との結びつきによって支えられている。地域にとけ込んだ結果、世界中の従業員の仕事ぶりが向上し、収益は増加する。この2つによって、最高の顧客《カスタマー》エクスペリエンスをつくりだすことが可能となるのである。

考えてみよう

□あなたの会社は地域にとって大事な一員だろうか？

□あなたの会社は地域にどんな形で貢献しているか？　貢献している非営利団体や教育機関、および地域に貢献するイベントなどを一覧にまとめよう。

□あなたの会社の中核をなす信条は何か？　この信条をわかってもらいつつ地域に貢献するには、どうすればいいか？

23

親切であれ、清潔であれ。

世界中にあるスターバックスには、毎週4000万もの人が訪れる。そのうち20％はいわゆる「熱狂的なファン」で、週に最低でも2回、年間にすると100回以上訪れている。そればかりではない。熱狂的ファンの10人中8人は、毎回同じ店舗でコーヒーを購入しているのである。

スターバックスは複雑な機能を備えた高額なCRM（顧客関係マーケティング）アプリケーションを使い、熱狂的なファンとなるよう仕向けているのだろうか？

いや、違う。

では、コーヒーが美味しいから？

確かにそれもあるが、必ずしもそれだけではない。

信じられないかもしれないが、スターバックスの熱狂的なファンを生み出した重要な要素は、CRMアプリケーションでもコーヒーでもない。なんと、親切なバリスタと清潔な店舗である。

顧客《カスタマー》が満足する鍵となる一番の条件は、上質なコーヒー、迅速なサービス、適切な価格だと思うだろう。だがスターバックスにはあてはまらない。社内で調査を行った結果、熱狂的なファンのファンたる所以、すなわち**顧客《カスタマー》ロイヤルティは、親切な従業員と清潔な店舗という、人とふれあう要素にある**という結果が繰り返し得られた。

調査から浮かび上がった顧客の本音に従い、「親切に。清潔に」という恐ろしく単純だが非常に理にかなったモットーを掲げるようになった。

1990年代後半から経営陣が何かにつけてこのモットーを唱えるようになり、それは長年続いた。わかりやすく実行しやすいモットーなので、従業員にすぐに受け入れられ、実行された。

「親切」で「清潔」なことは、小売店で実施できる最もシンプルで有効な顧客ロイヤルティを生み出すプログラムであると、スターバックスは学んだのである。

考えてみよう

□あなたの会社の製品やサービスをお客様が利用するうえで一番の鍵となる、シンプルだが見落とされがちな特徴は何か？

24

ふれあいはテクノロジーに優る。

お客様に挨拶し、ちょっとした言葉をかわしてからその人の好みにピッタリのドリンクをつくってさしあげたら、そのお客様は必ずまた来てくれます。

ハワード・シュルツ

『エモーショナルブランディング』（宣伝会議刊）より

ロイヤル顧客層《カスタマー》（その企業やブランドを支持して通ってくれる固定客全般）の開拓は、スターバックスにおいては、それほど複雑なプロセスはいらない。ハワード・シュルツがさきに述べているように、気さくにお客様に話しかけ、相手のウォンツにぴたりとはまったドリンクをつくればいいだけの話なのだから。

スターバックスでは、お客様への挨拶の仕方から一杯ごとにつくるドリンクの注文の仕方、つくり方、楽しみ方に至るまで、お客様の体験する一つひとつを、人とのふれあいを通して個別にカスタマイズする。

「ふれあい」を通して素晴らしい顧客《カスタマー》エクスペリエンスを提供するには、お客様と個人的に接する従業員に信頼を置くことが必要になる。

しかしながら、残念なことに、お客様と交流する従業員に十分な信頼と責任を預けない企業が非常に多い。

テクノロジーはお客様サービスの敵か？　味方か？

企業の多くは、従業員の人間性を信頼する代わりに技術を採り入れ、お客様との交流をハイテクにまかせる傾向がある。常連客にはメンバーズカードの類を発行して優遇し、売店はセルフサービス方式にして機能性を高め、お客様サービスの効率化のために自動応答電話サービスを採用する。こうして業務から人の手を追い出している。

なにも、スターバックスはハイテクを利用して顧客エクスペリエンスの改善を試みていないということではない。もちろん採り入れている。

スターバックスでも、ハイテクを利用してサービスのスピード化を図ろうとしたことがある。サービスのスピード化は顧客エクスペリエンスの重要な要素のひとつなので、レジカウンターでの注文の混雑を緩和するために、携帯型オーダー端末を試験的に導入した。ハイテク機器を手にした従業員が、列に並んでいるお客様の注文をとり、送信ボタンを押せばバーカウンターにいるバリスタのところへオーダーが届くシステムである。

このシステムを導入してからサービスのスピードは改善されたが、お客様はこのシステムに対して否定的だった。機械化された注文システムは非常に味気なく、スターバックスが台無しになってしまうという不満の声があがったのだ。

スターバックスはこのシステムを廃止し、レジカウンターでお客様一人ひとりと対話しながら注文を受けるやり方に戻した。

セルフサービスの功罪

スピード化が図れると思うハイテクシステムに飛びつく小売店は多いが、こうした企業はハイテク化によって顧客の人格を無視することになりかねないことに気づいていないようだ。

米国のホームセンターチェーン「ホームデポ」はサービスの素晴らしさが評判となり、１９９０年代に急速な成長を遂げた。２００２年、ホームデポは、顧客自身で精算するセルフチェックアウトを多くの店舗で導入した。

ホームデポにならってセルフチェックアウトを導入したスーパーや小売店は数多い。顧客は列に並び、自分の番がきたら商品のバーコードをスキャンし、袋に詰める。クレジットカード決済の処理もお客様自身で行う。要は、今まで店員がやっていたことをすべて顧客自身で行うのだ。精算が終わったら「ありがとうございました！」と自分に言うかどうかも、きっと顧客次第なのだろう。

レジ係との対応を省いて買い物を早く済ませたいとお客様が思うとしても、企業側としては、そこにどれほど深いお客様との交流があるかということに思い至らねばならない。

判断基準は「顧客《カスタマー》エクスペリエンスが向上するか否か」

この種のハイテクを利用した機械化は業種によっては有効であるが、卓越した商品をつくり印象深い顧客《カスタマー》エクスペリエンスを提供したいなら、安易な機械化は基本となるミッションを裏切ることになる。会社の収益をあげることだけを目的として機械化を導入すると、お客様はそのことに気がつく。お客様優先から会社優先に巧妙に軸足を移していると敏感に感じとるのだ。それに、今日のお客様は不当な扱いは受け入れない。他に選択の余地がなければ我慢するだろうが、選択肢が出現したらどうするか想像に難くない。

スターバックスがハイテクを採り入れるのは、顧客《カスタマー》エクスペリエンスが向上する場合に限ってのことで、あくまで人々の「日常のちょっとしたひととき」がより素晴らしいものになることが前提となる。バリスタが一杯一杯手でいれていたエスプレッソと同じ質のものが全自動エスプレッソマシーンの導入によって、提供でき、その結果バリスタがお客様との交流をさらに深める時間がとれるようになるなら、この機械化はプラスである。

だが、いくら同じ味が全自動でできるようになっても、バリスタがお客様と話す時間がとれないなら、一体何のメリットがあるというのか？

2004年から、シアトルとオースティンのいくつかの店舗で「ヒアミュージック」の試聴カウンターを設け、好みのCDを自分で作成できるサービスを試験的に始めた。以来、サンタモニカ、サンアントニオ、マイアミに、CD作成サービスを提供する「スターバックス・ヒアミュージック・コーヒーハウス」をオープンした。ヒアミュージックビジネスを広げていくことで、店内での体験に新たな要素が加わることをスターバックスは願っている。試聴して好みの音楽CDを編集作成することは間違いなくハイテクであり、セルフサービスも構想に入っている。

この構想がうまくいくかどうかは未知数だが、スターバックスがお客様と店舗で働く従業員からの反応を聞き逃さないようにすることは確かだ。CD作成サービスやヒアミュージックサービスを併設した店舗で、コーヒーを楽しむ体験がグレードアップし、店との一体感や結びつきを感じてもらえるようになれば、ハイテクはふれあいの助力となっていることになる。

とにかく、常に「人ありき」

とにかく、常に人ありきである。それは、元スターバックス役員ハワード・ビーハーの名言にもあるように、「スターバックスは人を相手にしたビジネスとしてコーヒーを提供する」のであって、その逆ではないことを裏づけている。

スターバックスにとって、ビジネスに人間味をもたせるということは、店舗で働くパートナーが存在し、誠実に、そしてもちろん人間らしく仕事ができるよう、裁量権と信頼を預けることである。

だからといって、お客様に対する台詞や態度を詳細に記した接客マニュアルを渡すようなことはしない。バリスタはビジネスのあらゆる局面を理解できるよう教育されていると見なし、お客様との交流の仕方は、各自の判断に委ねられている。

スターバックスのお客様は、店舗にいるパートナーとの人としてのふれあいを高く評価しているのであって、それを再現しようとしたが所詮本物とはほど遠いハイテクシステムは求められていないということを、スターバックスは学んだ。

スターバックスは人を相手にしたビジネスとしてコーヒーを提供する会社であって、コーヒービジネスを通じて人に奉仕する会社ではない。人とのふれあいを通してビジネスに人間味をもたせることは、それをあらわすひとつの例である。

考えてみよう

□会社の成長にともない、お客様との人としてのふれあいを妨げる自動化システムを採用したのはどの部分か？　また、今まで社員がやっていたことをお客様がすることになったシステムはどれか？

□システム導入によるお客様との関係性の希薄化を、何らかの方法で濃くできないか？

自動化システムがもたらした機能性を損なわずにできないか、考えてみよう。

- □ 技術や機械を利用しての、お客様との人間味のある交流は考えられないだろうか？

25

惜しみなく与えよ。

「与えよ、されば与えられん」は古くからよく使われる格言である。よく使われるだけのことはあり、まさにそのとおりだ。親切にすればするほど、親切にされる。知識を分かち合ったぶん、自分に返ってくる。気前よくすれば、そのぶん恩恵にあずかれる。

この寛容の精神はまさにスターバックスの信条である。事実、スターバックスのビジネスは、惜しみないテイスティングサービスで成り立っているといっても過言ではない。

スターバックスが成功するためには、「コーヒーは熱くて美味しくないカフェインの入った茶色っぽい液体」という世間の認識を変えなければならなかった。それには、コーヒーとは本来どういう味なのかを示して、味に対する認識をがらりと変える必要があった。世間の認識を変えるためにスターバックスがとった手段は、惜しみなくテイスティングサービスを行うことだった。「論よりテイスティング」である。まだ小さい会社だった頃は、コーヒーやドリンク類のテイスティングサービスをほぼ一日中行っていた。当時スターバックスに行けば、いつでもテイスティング用のカップに入ったコーヒーがあっただろう。

テイスティングでコーヒーを味わったお客様が増えるにつれ、コーヒーは本来この味だと信じる人が増え、このサービスはスターバックスの企業文化として深く根づいた。

テイスティングは、最も効果的な販促ツール

「論よりテイスティング」であるのはもちろんのこと、テイスティングは販促活動でもある。社内調査によると、テイスティングの5杯に1杯、つまり20%も購入に結びついているとの結果が出ている。

スターバックスが新ドリンクを発売するときの最も効果的な販促ツールは、ラジオ広告ではない。お客様に直接テイスティングしてもらうことである。コーヒー豆の販売でも同じことだ。やはり広告は行わない。むしろその豆でいれたコーヒーを店内で惜しみなく振る舞うことが、販売促進につながる。

最も成功したテイスティング戦略のひとつが「チルパトロール」と呼ばれるものである。これは、暑い夏の盛りに地域で行われているイベントにフラペチーノを配るというものだ。本来は移動販売車であるフォルクスワーゲンのワゴン車を使い、スターバックスが後援するリトルリーグの野球大会や地域のチャリティイベントなどに何の前触れもなく登場する。驚いている人々にフラペチーノを振る舞い、喜んでもらう。時にはテイスティングの量だけでは物足りない人もいて、その場合は購入してもらう、というものだ。

このプロモーションは地域との友好関係を育み、いい評判が立つもとになる。それに、チルパトロール活動は、従来型のマーケティング戦略に比べて著しく高い投資収益がもたらされるとの調査報告もある。

スーパーマーケットチェーンの「ホールフーズ」や「トレーダージョーズ」、ベーカリーチェーンの「グレートハーベストブレッドカンパニー」などの大企業も、販促活動の一環として惜しみなく商品のテイスティングを行っている。**また、テイスティングサービスを行うと、特定の商品の売り上げが伸びるだけではない。このサービスは、普通のお客様をその商品のファン、つまりロイヤル顧客《カスタマー》に変えるための長期戦略でもある。**

テイスティングは、商品に対する自信のあらわれ

無料で物をもらうのが嫌な人はいない。だが、このテイスティングという発想は、単にちょっとしたものを無料で配るという考えだけで行うわけではない。

スターバックスでは単なる販促戦略のひとつとしてではなく、テイスティングは商品に対する自信のあらわれであるべきだと捉えている。「買ってもらう」ためだけに試食品（試

飲品）を配っても、商品やサービスへの純粋なプライドが欠けていることを消費者は感じとり、その場から立ち去ってしまうだろう。

一方、商品を「分かってもらう」ために試供品を配ると、商品への自信と誇りがお客様に伝わり、商品への興味と購買意欲がわく。無料で試してもらうことが、商品に対する企業のプライドを消費者に強烈にアピールする。

このプライドは、自分たちの商品には何ら不安はないという自信から生まれる。気に入ってもらいたいという思いから食べ物や飲み物の味見をさせているのだと、消費者はきちんと受け止めてくれる。消費者は自分の好みにあう素晴らしい商品に出会うことを待ち望んでいるのだ。無料で試してもらうことにより、何度も味わいたくなるくらい気に入ってもらえる自信があると、消費者にアピールできるのである。

スターバックスのテイスティングサービスは、「**新ドリンクの美味しさを**（**広告で表示するような**）**言葉だけで伝えようなんて思っていませんよ。お客様にしっかりと実感していただきたいので、さあ、まずは飲んでみてください**」とお客様に訴えているのである。

テイスティングは、チェーン店特有のよそよそしさを消す

こうしたテイスティングサービスにはもうひとつ重要な働きがある。カフェだけでなくチェーン店全般にいえることだが、「チェーン店のカフェを、プライドをもって経営する地元のこぢんまりとしたカフェであるかのように感じさせる」という効果があり、消費者が親しみを感じるようになる。

世間はチェーン店特有の態度というものを感知するようになった。型どおりで利便性を追求した接客、可もなく不可もない商品やサービス、低価格、そして顔の見えない大企業から受けるよそよそしさ。でも、顔の見える企業になると、「チェーン店」という空気は消える。チェーン店が家族経営のような店になれば、その地域の一員として受け入れられる。ナパバレーの小さなワイナリーのようにこだわりの飲み物をテイスティングとして振る舞えば、たとえ一見どこにでもあるような店に見えても、お客様が向こうから来てくれるようになる。

また、テイスティングサービスを行う場合、「どのように行うか」が非常に重要となる。

店にお客様が入ってきたとする。その人が常連客でも初めて店を訪れる人であっても、

何かのテイスティングサービスがあり、係の者が自分にテイスティングを勧めたがっている雰囲気が伝わるようになっているだろうか。「ご一緒にポテトはいかがでしょうか?」と言われるように、半ば強制的と感じさせてはいないだろうか?

テイスティング商品の渡し方、店内でサービスを行う場所、提供する時間帯、テイスティング商品の説明の仕方。このどれもが重要であり、商品の販売増加、そしてお客様との1対1の結びつきをつくる上での重要な要素である。

「お客様主導型テイスティング」と「店主導型テイスティング」

テイスティングサービスのやり方で最も重要な要素は、お客様主導、店主導のどちらの形式で行うかだろう。スターバックスでは、お客様主導型テイスティングと店主導型テイスティングの両方を使い分けている。

「お客様主導型テイスティング」とは、テーブルやレジカウンターのそばにあらかじめ置いてあるテイスティング商品をお客様が自分でとることであり、「店主導型テイスティング」とは、店舗の従業員がテイスティング商品の説明をしながらお客様に配ることである。お客様との交流を深める点でも、販売につなげる点でも、**圧倒的にいい結果をだしているのは、店主導型だ。**

そして、このことが「ドリンクビンゴ」誕生のきっかけとなった。ドリンクビンゴとは、2001年夏にスターバックスの舞台裏で行われたプロモーション活動である。

当時スターバックスのマーケティングを長期にわたって担当していたポール・ウィリアムズと私は、店舗同士で競わせてドリンクの売上に貢献させる、ユニークで斬新な方法はないものかとアイデアを出し合っていた。そこで、スターバックスの成功はいつもテイスティングサービスが重要な役割を占めていることに思い至り、お客様とできるだけ多くの交流が図れる「店主導型テイスティング」をバリスタが行えるような企画を立てることにした。

私たちは、店舗同士の競争を、子どもの頃によく遊んだ人生ゲームなどのボードゲームのようにできないか、あれこれと考えを巡らせた。そのうち、ビンゴを使った競争にしようということに決まった。ビンゴの数字の部分をさまざまなプロモーション活動にあてはめるのだ。

つまり、「ノートパソコンで作業をしているお客様にモカフラペチーノのテイスティングサービスをする」や「赤い服を着たお客さまにタゾベリーティーのテイスティングサービスをする」といった具合だ。また、ビンゴ板の中心のマスは意表をついたものにしようと、「5人のお客さまと2人のパートナーで、店内でコンガを踊る」にした。この企画はパートナーだけでなくお客様にとっても楽しめるものだった。

「ドリンクビンゴ」はお客様との交流をはかり、優れた顧客《カスタマー》エクスペリエンスを提供するプログラムとして、数々の目標を達成した。売上は増加し、店舗、パートナー、お客様の中に一体感を生んだ。だが何といっても、スターバックスの企業文化である惜しみないテイスティングサービスを引き立たせ、お客様が店内で過ごすひとときを目新しい形で楽しいものにしたことが大きい。

考えてみよう

販売を促進し、一般のお客様をロイヤル顧客《カスタマー》に変えるには、優れた広告ではなく優れたテイスティングのやり方にならい、商品に対する誇りをお客様に示して分かち合うこと、そして、惜しみなく振る舞うことが大切である。

□あなたは自分が扱う商品やサービスに誇りをもっているか？　お客様に「お試し」してもらったら、正規に購入してくれるだろうか？

□「お試し」してもらうことになったら、あなたはどんなやり方を勧めるか？　効果を伝える？　楽しさを伝える？　記憶に残る？

26

未来の成功は、過去の成功の中にある。

スターバックスの急成長において実に見事なのは、作為的ではなく自然に達成されたところである。

言いかえれば、売上の増加は、既存の顧客を維持しながら、交流を深めて成されたものであり、作為的に新しいブランドを別の分野に立ち上げ、新規顧客を獲得することで売上の増加を図ろうとしたわけではないということだ。

スターバックスでは、店舗を増やし、各店舗の運営効率を上げ、（高めの価格設定の）新ドリンク商品を発売することで本業の売上高を伸ばしている。コーヒーという快適なホームグラウンドを拠点にしたビジネスに専念することで、他の小売業者がうらやむ持続的な業績の伸びを実現している。

だが、比較的順調に売上を伸ばしてきたスターバックスにも、ここまで来るには困難にぶつかることもあり、時には非常に大きな問題となったものもあった。

最初の試練は1990年代半ばから後半にかけてのことだった。この頃スターバックスの経営陣は、北米に1万店舗オープンしたらコーヒー市場は飽和状態となり、成長は停滞すると信じきっていた（ご存じのようにこの予感は外れた）。だが結果的に、なんとしても成長を続けようと中核事業を拡大し始めることになった。

①米国外市場にも店舗を拡大すること、②スーパーに卸すコーヒー豆を増やしたこと。

この2つの戦略がコーヒービジネスの核となる能力をうまく引き上げる形になり、ビジネス全体の成長を助けることになったのである。

わが家から離れてみて、はじめてわが家の良さを知る

第二の試練は1999年。まだ成長は鈍化するとの見通しをもっていたので、コーヒーというホームグラウンドの外に成長できる分野を求めることに決めた。この方針を唱えた主力経営陣の言い分は、「顧客《カスタマー》はスターバックスが、コーヒーだけでなくライフスタイルの分野にも進出することに賛同してくれている」というものだった。

コーヒーだけでなくライフスタイルの分野にも進出して売上高を伸ばそうという思惑から、スターバックスは次の事業に乗り出した。

●自社ウェブサイトをライフスタイル発信サイトとして大幅にリニューアルし、キッチン用品から家具まであらゆる生活用品を消費者に提供する、巨額を投じた一大プラン

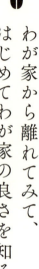

●懐かしい家庭料理をテーマにした本格的レストランのオープン
●カルチャー季刊誌の発行
●鉛筆削り、革表紙のノート、卓上時計、デザイン性の高い事務用品などを店舗で販売

こうしたライフスタイルを提案するブランドとして発展しようとした試みは、どれもうまくいかなかった。スターバックスが信じた顧客の賛同はマーケティングの幻想だった。そんな顧客も市場も、現実にはなかったのだ。

ライフスタイル分野への進出の失敗を受けて、この方針を推進した経営陣は「わが家の良さを知るには、わが家から離れてみて分かることもある」との見解を示した。こうしてスターバックスは、「わが家」を拠点とする分野に焦点を絞って売上増の機会を探ることを固く誓った。わが家を拠点とする分野とは、すなわちコーヒーというスターバックスの中核事業である。

今日、スターバックスはコーヒー事業という本業で成長を遂げている。会社のルーツから離れずにいるが、以前に立てた仮説は見直している。

以前は、米国内に点在する小規模の町にはスペシャルティコーヒーの市場があるとは考

えていなかった。だが、スペシャルティコーヒーという言葉（そしてスターバックスのコーヒーを飲むという習慣）がそうした町にまで広がった今となっては、人口10万人未満の町に店舗をオープンすることは、新規店舗を増やす重要な戦略のひとつとなっている。

また、別のやり方でもコーヒー事業での勢力拡大を図っている。世界規模での店舗数増大、コーヒーベースの新ドリンクの発売、顧客《カスタマー》エクスペリエンスの向上などがそれにあたり、顧客エクスペリエンス向上の一環として、スターバックスカードというプリペイドカードの発行や、インターネットにワイヤレスでアクセスできる環境づくりを手がけている。

少なくとも3万店舗は開けるだけのコーヒー市場が世界にあると今では確信し、最高のコーヒーと最高の体験《エクスペリエンス》を提供するという中核事業に専念することで、売上は将来的に増加の一途をたどるとの明るい見通しを立てているのである。

考えてみよう

□売上増加を求めるために、中核をなすビジネス＝「本業」を離れたビジネスをしているだろうか？　もししていたら、それらをリストアップしてみよう。

□会社が「本業」から外れていると感じているなら、「本業」中心に戻すには何をしなければならないか？

27

お客様を、その日限りの
旅行者ではなく、
日常に楽しみを求める
探検家として扱え。

お客様とは、つまらない土産を求めてたまにやってくる旅行者だろうか？　スターバックスのマーケティング担当者たちにとって、お客様は、イベントを求めている日常の探検家である。

日常の探検家は、大小を問わず、社会との交流を深めてくれる本物の体験を求めている。スターバックスの店舗はどこも、各々が自分の好きなように時間を過ごせる集いの場としての機能がある。周りの人とお互いの話をしたり、仲間内で話をしたりできるよう、単純に居心地のいい空間とコミュニケーションの潤滑油（コーヒーなどのドリンク）を提供しているのである。

マーケティング部門で、お客様がスターバックスを体験する状況を5つにまとめたものをご紹介しよう。

ひとつめは朝の儀式ともいえる日課の一部。2つめは友人や家族と過ごす場。3つめはビジネスマンが仕事の延長で気軽に交流を深められる場。4つめは自分へのご褒美として美味しいドリンクを求める場。そして5つめは、煩わしい雑事から逃れリラックスするひとときの場。

スターバックスで過ごす場合、周囲の人と一緒にコーヒーを楽しむということが、いろいろな意味でただコーヒーを飲むことよりも重要になってきた。周囲と一緒に楽しむという体験からは、深みがあって人の心を惹きつける出来事を共有できるからだ。

旅行者は土産を持ち帰り、探検家は土産話を持ち帰る

企業がお客様を探検家として捉えると、うわべだけのものではなく、暮らしに深みを増す、中身の濃い多面的な体験をつくりだそうとする。

旅行者は簡単なツアーで満足するが、探検家はそれ以上を求める。せっかくの訪問で手を抜かれたくないのだ。また、旅行者は写真で満足するだろうが、探検家にとっては、心に残るもののほうがずっと意義深い。彼らはいろいろなことを吸収したい。その場に長居て、雰囲気にとけ込みたいと思っている。探検家はその場にどっぷりと浸りたいと思っているが、旅行者は写真で見たことのあるものさえ見られればいい。旅行者は旅の土産にTシャツを持って帰ろうとする。だが、探検家は土産話を持って帰りたいのだ。

お客様を、手短に事をすます、その日限りの旅行者としてではなく、探検家として扱う

ということは、企業に余計な手間がかかるということである。物理的、金銭的に負担がかかるかもしれないが、それだけの価値のある結果が（顧客《カスタマー》ロイヤルティや収益という形で）得られる。

スターバックスがお客様を探検家として扱うことに対する収益的な見返りは莫大で、スターバックスで長く過ごすお客様ほど多く商品を購入することは社内調査で明らかになっている。

だが探検家の興味をひくには、彼らの日々のニーズを満たすだけでなく、尽きることのないウォンツを満たしていかねばならない。現代の賢明で知識豊富なお客様の期待は高く、自分が何に対してお金を払うのか常に意識して購入を決める。多くの企業が行う、似たり寄ったりの商品を絶え間なく声高に売り込むという商業主義にうんざりしているのだ。そして、自分が魅力的になるもの、自分を惹きつけるものを求めている。

スターバックス体験《エクスペリエンス》は、あらゆる面において、日常の探検家を惹きつける魅力あるものとなるよう工夫されている。それも、友人や家族に語りたくなるほど魅力的に。

考えてみよう

□あなたの会社が「旅行者を引っかける」企業のひとつだとお客様から思われてしまいそうだとしたら、それはどの部分が原因と考えられるか？

□あなたの会社で、お客様を探検家として受け入れている部分はあるか？　お客様にもっと知りたい、もっと見たいと思わせるためには、どんな体験が提供可能か？

28

お客様に親愛の情を持ってもらいなさい。

私たちはコーヒービジネスを通じて人に奉仕する会社ではない。人を相手にしたビジネスとしてコーヒーを提供しているのだ。

ハワード・ビーハー
（元スターバックス役員）

スターバックスは、理屈を超えたロイヤルティをお客様の中に育んできた。お客様の多くはスターバックスという会社とブランドを心から大切に思っている。

スターバックスには、信愛の情にも似たロイヤルティを育むための、暗黙のうちに企業に根づいたマーケティング理念がある。**お客様の日常に罠をしかけるのではなく、お客様の日常を豊かにするという理念である。**

顧客《カスタマー》ロイヤルティを生み出す方法を模索している企業のマーケティング活動は、お客様の心をつかむことよりも、お客様を釣ることを目的としているものがほとんどである。スーパーマーケットが提供する会員特典、航空会社のマイレージ、携帯電話会社の長期サービス契約。このどれもが、企業が「ロイヤル顧客《カスタマー》」のレッテルを貼るために消費者にしかけた罠である。たいていの罠は、お客様を低価格で釣り、ロイヤル顧客になってもらおうとする戦略である。

だが、ロイヤルティは低価格を提供したからといって得られるものではない。安いという理由だけで釣ろうとする企業は、一番安い価格を提供している間しか価値をもたない。他社がもっと安い価格を打ち出した途端、それまで「ロイヤル顧客」だと思っていた消費者たちは、会員証を捨て、よそで買い物するようになるだろう。

こうした「会員特典」プロモーションは、優れた顧客サービスの論理の逆を行っているともいえる。というのも、この手のプロモーションでは、会員申込用紙の記入か、特定の商品の購入を条件に特典が受けられるようになる。すると、優待価格で商品を購入できるお客様と、その価格で購入できないお客様の2つの顧客層をつくることになる。それで本当に良いのだろうか？

真剣にお客様に信愛の情をもってもらいたいなら、お客様に労をかけてはいけない。歓迎されている、いや「好かれている」と感じてもらうようにしなければならないのだ。**お客様を釣ろうとする企業は顧客を集団として捉えており、気をひくためには手段を問わない。**お客様よりも収益を気にかけていると、お客様も収益も最終的には失ってしまうだろう。こうしたマーケティングプログラムにはハートがなく、あっという間に忘れ去られてしまう。

お客様の役に立つことをせよ

スターバックスは「日常のちょっとしたひととき」を提供することで、お客様の心をつかみ、日常を豊かにしようとしている。最高のコーヒーを味わうひとときは、希望、インスピレーション、交流をともなう。スターバックス体験《エクスペリエンス》は、慌ただしい生活の中に希望のようなものを提供する。スターバックスに心から親愛の情を抱くお客様の多くは、職場、家庭生活、通勤から逃避できる場所を求めている。彼らにとってスターバックスは、平静を取り戻し、人とふれあい、元気を回復し、ひと息つける場所なのだ。

16世紀以来、コーヒーは発想とひらめきの素となってきた。21世紀になり、人々が日々感性を磨き、活力をもらうことができる場となっているのがスターバックスである。

だが、スターバックスに親愛の情を抱かせる秘訣は、実は人とコーヒーとの関係にある。コーヒーは朝から晩まで通して人とかかわるが、このようなかかわり方をする飲み物は他にはない。スターバックスのコーヒーで一日が始まり、同じ店のカフェインレスのコーヒーで一日を終える人が多い。また、コーヒーは人と人を結ぶ役割も果たす。コーヒーを通して友情が芽生え、そのまま友人になるのはよくあることである。それに、一人でコーヒーを楽しんで、自分自身を見つめることもできる。

憩いの場。コーヒーとの関係。このどちらに対してもお客様の親愛の情は育まれる。そのことを、スターバックスは理解している。

収益性を維持したい気持ちも当然あるが、店に来る人々の意に染まぬことをせず、役に立つことをすれば、収益は維持できる。お客様に親愛の情を持ち続けてほしいなら、自分もお客様に親愛の情を持ち続けないといけない。人として接し、個人として役に立ち、ほんの少し特別に感じるようなことをする。そうすれば、お客様は確実にまた来てくれるのだ。

考えてみよう

□あなたが親愛の情を感じる企業はいくつあるだろうか。その企業は、類似のライバル企業よりも、どの点ですぐれているか？　また、親愛の情を感じる企業とそうでない企業では、あなたに対する態度に違いはあるか？

29

「壁」の声に耳を傾けよ。

「彼は、スターバックスの店舗に足を踏み入れてしばし黙って立っているだけで、その店の採算性や従業員のやる気が瞬時に分かった」――長らくスターバックスの役員を務めていたハワード・ビーハーにはこのような伝説がある。彼はスターバックスの中で、通称「HB」として知られる人物でもある。

店の損益報告書や従業員意識調査に目をやることもなく、ただ、「壁」の声に耳をすますだけで、HBはその店の採算性や従業員のやる気を見極めることができた。実際のところ、「壁」は何を彼に伝えたのか不思議に思うだろう。一体どうやってしゃべったのか?

「壁」の声とは、音と光景、会話と音楽、そして活気のことである。明るいプラスの空気に満ちた店だと、お客様は席でおしゃべりをしたり、本を読んだり、仕事をしたりする。お客様の表情は明るく穏やかで、親しげで温かなトーンの声や笑い声が聞こえる。そんなお客様の中には、勤務時間でないのに居心地がいいからといって店で過ごしているパートナーもいるに違いない。店内は清潔で、バリスタはお客様にも同僚にも楽しげな様子で話しかけている。総じて明るくリラックスした気持ちで過ごせる場といえる。こうした環境の店舗は、たいてい採算性が高く、離職率も低いとHBは気がついていた。

一方、「壁」からボソボソと不満の声が聞こえてくる、暗いマイナスの空気にみちた店舗では、お客様はコーヒーを買うとさっさと店から立ち去ってしまう。この種の店舗はたいてい厳しい経営状態にあり、やる気にあふれたスタッフはなかなか定着しない。お客様と従業員は店の活気をあらわし、店の活気はお客様と従業員の活力をあらわすのである。

有能なマネジャーは「壁」の声に細心の注意をはらう

HBは店舗を直に見て、意見を述べていた。店舗に行ってお客様のように振る舞うと、違った目（と耳）でその環境を捉えることができたのである。

また、バリスタやストアマネジャーにも、お客様の視点から自分たちの店を捉えさせるようにした。店のイメージや雰囲気に細心の注意をはらい、プラスの空気で店をみたそうと努めているストアマネジャーには、壁の声が聞こえる。壁の声が「聞こえる」マネジャーは、好条件に位置しながら状況の芳しくない店舗を引き継ぐことが多い。さらに、高い収益を生む店舗運営の実績を上げれば、その店舗のプラスの空気から有能で気配りのできるマネジャーと見なされ、より規模の大きい店舗をまかされるようになる。

どんなビジネスであっても壁は語る。日々、ビジネスのいいことも悪いことも伝えている。問題は、壁がなんと語っているか知ろうと、店舗を十分に視察する人があまりいないことである。彼らは視察をせずに、誰かが書いた報告書や店舗ごとの財務諸表を隅々まで読んで、意見を述べるだけだ。

壁の声を聞くには、店の中に座って観察するだけでいい。壁が何と言っているかあなたに聞こえるということは、お客様にも確実に聞こえている。このことは心に留めておいてほしい。

考えてみよう

□一度、部外者になってみてほしい。お客様のつもりで店舗や事務所に行ってみよう。お客様同士ではどのような交流があるか？　従業員とはどのように交流しているか？　どんな雰囲気？　プラスの空気とマイナスの空気、どちらを感じる？　そして壁は何と言っているのか？

30

より大きな成功を得る道を選べ。

スターバックスは常に、相反するもののバランスをとっています。かたや居心地の良さや期待どおりのものを提供していながら、他方では、絶えず驚きや喜びをも提供しているのです。

ディードラ・ウェイジャー
（元スターバックス役員。ワシントン州シアトルでのスターバックス社内プレゼンにて）

「スターバックスはどこにでもある」と言われればそのとおりである。だがそれは、お客様がそれを望んでいるからである。でなければ、どこにでも出店したりしない。

スターバックスは、お客様が望むところすべてに店舗を構えるという前提で事業を行っている。それゆえ、もっと多くの場所に店舗を次々にオープンし、大勢の人が気軽に行けるようにして、お客様に満足してもらう方向に進んでいる。

スターバックスを求めて遠くまで出かける必要はもうない。その逆である。スターバックスを求めるお客様のそばへ、スターバックスが出向いていかなければならないのである。つまりそれは、どこにでもあるという状態にするということだ。

驚くべきことに、シアトル、アトランタ、ダラス、ボストン、オークランドなどの都市に、1万人につき1店舗存在することになる日は近い。だが、この過剰なほどの店舗数は収益の妨げになるかというと、そうではない。1992年に株式公開して以来、成長率は毎年5％かそれ以上を示している。極めて健全な成長を14年にわたって続けているのである。

突飛さや個性よりも、一貫性と利便性

新しい店舗をオープンし続けることができるのは――時には通りを挟んだ向かい合わせにオープンすることさえある――各店舗の受け入れ能力とその地域で見込める客の範囲に目を光らせているからである。店が常にフル稼働という状態であれば、同じ地域にもう1店舗オープンすることを検討する。そうなると、新しい客の流れが生まれ、既存の店舗への集中が和らぐ。既存店はおそらく15％程度売り上げを落とすことになるが、客の待ち時間は減少し、バリスタの疲労も軽減するので、より開放的で落ち着いた雰囲気の店になり、お客様は喜ぶだろう。

だが、膨大な店舗数の増加が、事業計画に変更を招いた。もう突飛さや個性で勝負することはできない。考えてみれば、日に5店舗ずつオープンしながら個性を打ち出すのは困難である。その代わりに、スターバックスは一貫性と利便性で勝負する。

1990年代に客層の基盤を築いた完璧なエスプレッソは、セントルイスの店でも上海の店でも、注文を受けるごとに、何ら変わらず完璧でなければならない。この点での一貫性は何があっても譲れないので、店に関するあらゆるものを一定のルールに基づいて細分

化している。コンピュータの世界でいうモジュール化である。そうすれば、プラグアンドプレイ、つまりちょっとした風変わりな面白さを店舗ごとに取り入れられるようになる。例えば、その地域色に合う雰囲気の店づくりを行うことが可能になるわけだ。ただ、今のところは一貫性と利便性が何よりも優先される。

スターバックスが一貫性と利便性第一の戦略をとると、スペシャルティコーヒー業界で突飛さを売りにして名を馳せたいブランドにとってチャンスである。だがスターバックスは、一貫性および利便性と引き替えに、独自の感性を犠牲にすることで競争力を保っていく。結局は、より多くのお客様を満足させ、より大きく成長するための交換条件ということである。

考えてみよう

- □**お客様を満足させるために、どんな犠牲を覚悟しているだろうか？**
- □**あなたの会社の全体戦略で、一貫性と利便性はどのように生かしているか？　これらは優先されているだろうか？**

31

すべてが大事であると心得よ。

私たちには、上質なコーヒーについて世界中の消費者を啓蒙するという使命《ミッション》がありました。人々が集まりたくなる雰囲気を持つ店にし、慌ただしい日常生活の合間に驚きとロマンスを提供するというビジョンがありました。そして、これまでの米国実業界が決めたパラダイムよりもずっと大きく成長するという、理想主義ともいえる夢を抱いていたのです。

ハワード・シュルツ
『スターバックス成功物語』（日経BP社）より

スターバックスは顧客《カスタマー》の注目を集めるために、自らが注目に値するものであるために、実験的な試みを行っている。顧客《カスタマー》エクスペリエンスこそがスターバックスにとってのマーケティングなので、すべてが大事なのである。ひとつだけではない。すべてだ。

なぜすべてが重要になるかというと、何もかもが顧客につながるからだ。「すべて」には次のようなものが含まれる。

- **コーヒー豆のパッケージデザイン**
- **正面玄関にある営業時間の案内表示**
- **コーヒービーンズチョコの陳列の仕方**
- **店内でかける音楽**
- **バリスタの服装**
- **ドリンクのつくり方と渡し方**
- **レジカウンターに展示するプロモーションについての掲示物**
- **トイレの照明**

スターバックスに関するすべてが大事なのである。

「気にしなくても大丈夫。そんなことに気がつくお客はいませんから……」などと口走る従業員は、スターバックスには見つからない。

気づくお客様は、必ずいるのだ。だからこそ、スターバックスにとってはすべてが大事なのだ。

考えてみよう

□あなたの会社では、社員とお客様に対して、「すべてが大事である」ことをどのように伝えているだろうか。お客様に提供する商品やサービス、体験《エクスペリエンス》から、このような理念を抱く企業であることがはっきりと伝わっているだろうか?

□お客様から持ち上がった問題には、どんなタイプのものがあるか? また、お客様から持ち上がった問題には、どのような対応をとることにしているか?

第3章

スターバックスの人材育成に学ぶ

32

会社の「伝道者」を育てよ。

企業が望む最高の社内環境は、会社や商品のことを周囲に熱く語るようなロイヤルティ（忠誠心）の強い従業員、会社の「駒」ではなく「伝道者」となる従業員がいる環境だろう。

心から会社を信頼しないと、伝道者にはならない。**伝道者となる従業員のいる会社は、その会社で働きたいから働く人々のいる会社であり、必要性にかられて働いているのではない。**伝道者である彼らは、会社自体の良さ、会社の信条、会社のおかげでどう自分の生活の質が高まったかなどを周囲に話す。

スターバックスの従業員は会社の枠にはまろうとしない。はまるも何も「枠」がない。それに、会社から「クールエイド」[※1]を飲まされていないのも確かだ。

会社のクールエイドは、美味しくないことはない。従業員を満足させる甘い罠があるので、むしろたいてい美味しい。だが、有害である。この危険な社内文化のカクテルを一口飲むと、事の顛末を考えない、ただの会社の言いなりの従業員になってしまう。会社の利

※1　「クールエイド」は本来粉末ジュースの名称だが、1970年代に南アメリカ北部、ガイアナ協同共和国で、新興宗教の信者が教祖の命に従ってクールエイドに青酸カリを混入し集団自殺を図ったことから、別の意味をもつようになった。今日では、「会社のクールエイドを飲む」というと、会社に洗脳される、つまり、従業員や会社にとって正しいかどうかにかかわらず、何の疑問ももたずに経営陣の決定に従うという意味になる。

益の追求しか目に入らなくなり、会社や事業が周りに及ぼす影響を考えることができなくなる。

無批判に従うのでなく、自分で決めて従う

協力的な従業員たちは無批判に会社に従うことはしないが、彼らはスターバックスの活動に携わっているので、自分で従うと決めて従っている。会社を信用しているのだ。

従業員が会社に熱心に貢献するのは、会社も彼らに一生懸命尽くすからである。従業員にスターバックスのユニフォームを与えるのは、信頼と尊敬の証である。「**自分が働く会社に共感し、感情的な結びつきが生まれ、夢を分かち合えば、もっと良い会社にしようと真心を込めるようになる。従業員に自負と自尊心が芽生えると、会社に対して、家族に対して、世界に対して本当に多くを貢献できるようになる**」とハワード・シュルツは記している。スターバックスは従業員の内に秘めた可能性と才能を見いだそうとし、彼らにも会社に同じものを見いだしてほしいと願っている。

無批判に従わせる環境を助長する企業は実に多い。基本的に彼らが行うのは、従業員を育てることではなく操り人形に仕立て上げることである。会社のミッション宣言《ステイトメント》を口先で繰り返すだけの人員を抱えることは、会社として危険で無謀な行為だ。

有無を言わさず従わせようとする社内文化が広まると、出世に必要であればどんな言動も厭わない人員や、給料日が来るのをじっと待っているだけの人員ばかりになってしまうだろう。

ところが、**スターバックスのパートナーにとって、会社は目的を達成する手段ではない。彼らにとって会社は、いい人生を勝ち取るための手段である。**意志をもって働き、会社の善行を賞賛するのは、自分たちの会社は価値のあるものを生み出していると信じているからである。仕事に費やした時間は、人生の質に大きな違いを生み出すことに貢献しているのだと。

社内の至るところに根づいているスターバックスに対する強力なロイヤルティは、会社のために活かすことができる。自分が応援する会社で働きたいと思っているのだから、その熱意を利用しない手はない。

スターバックスには、各自で考え、自分の意志と裁量で対応し、お客様に満足してもらうことを奨励する社内文化がある。従業員たちは自分の意志で自由に行動できるので、普段の仕事以上のことをして顧客や会社に尽くすのも自由であり、誰もがそうしようとする。

スターバックスは勢いが衰えることなく成長を続けていったが、従業員の中に根ざした社内文化は、目的意識と意義という点でほぼ変わることなく生き残った。これらが生き残ったのは、3つの重要な要素のおかげである。①ビジョンと運命の共有、②パートナー同士の交流を深めること、そして、③適材確保／迅速解雇の精神、である。

スターバックスの社内文化
①ビジョンと運命の共有

スターバックスでは全従業員に、「世界中のコーヒーの飲み方、味わい方、コーヒーにまつわる体験を変える」という共通のビジョンを植えつけている。各店舗のパートナーにも20時間に及ぶ研修を行い、ビジョンの共有を図っている。さらには「スターバックス体験《エクスペリエンス》」とは何か、そしてそれがなぜ大切かを説明するためにだけ研修コースを設けているほどである。

また、スターバックスの成り立ちのルーツについても学び、新人はコーヒーに関する文化的背景までも学ぶ。こうしてスターバックスの創造とビジョンを紹介することで、一人ひとりのパートナーにスターバックスという組織について教え込む。ここから、新人はスターバックスにまつわる昔からの言い伝えを耳にするようになる。

このビジョンの共有は、運命と経験の共有にもつながる。スターバックスの成功は、全パートナー、組織、店舗が共有する運命にかかっているのである。

スターバックスの社内文化
②従業員同士の交流を深める

スターバックスのパートナーたちは皆、熱意をもって期待以上のことをやり遂げようとする意味で、同じ志をもつ人の集まりといえる。それに、仕事中（仕事以外でも）一緒にいることが楽しいと感じている人が多い。

スターバックスは従業員たちに、部門の垣根を越えて作業する仲間をつくることを奨励している。どの部門にとってもプログラムの作成や実施に他の部門の協力はかかせないので、持ちつ持たれつの意識が生まれ、チームで作業する喜びを味わえる。

例えば、私がスターバックスにいた頃は（今もきっと同じだと思うが）、マーケティング部門が率いるプロジェクトチームは常にさまざまな関係者で構成されていた。法務、サプライチェーン、業務、サービス開発、不動産開発、情報技術（ＩＴ）……。

スターバックスの作業はすべてプロジェクト形式で行われる。店舗にマーケティング資料を郵送するのに必要な書類の記入といった、一見簡単そうな作業であっても、すべてプロジェクトの一部である。取り組んでいるプロジェクトすべてに「感動を生む」チャンスがあり、プロジェクトチームのメンバー全員が心から同じもの――会社の成功――を望んでいる。すると、チームという要素が、どのプロジェクトも完成へと導いてくれるのである。

スターバックスの社内文化
③適材確保／迅速解雇

スターバックスは、適格な人材を雇えば、次はその人が適格な人材を雇ってくれるという考え方をもつ。だが、いくらその人自身が良い人材であっても、時として間違った人選をすることはある。**スターバックスでは、「向いている」人材を雇うときはじっくり時間をかけるが、「向いていない」人材はただちに解雇するのが通例である。**

スターバックスに「向いていない」人材とは、無気力な態度をとり、会社がやろうとしていることを信頼しないタイプである。このタイプは仕事を仕事としか捉えておらず、会社の使命や同僚、それにお客様にすらかかわろうとしない。意欲のない人はすぐに解雇しないと、やる気のなさが、ウィルスのように社内に広まってしまう。やる気のない従業員の解雇が遅いと、そのやる気のない態度が周りの人に伝染して、ひどい痛手を被ることになる。

一方、向いている人材は、会社と商品に対して情熱を持っている。雇われる前から会社のビジョンに賛同している人は特にそうだ。

情熱を持った従業員を採用する

スターバックスでは、店舗の人材を採用するときに、相手の反応を試すテストをいくつか行う。その中のひとつに、面接の途中で応募者にコーヒーを勧めるというものがある。

そのときに、「いいえ、結構です」と断るような人（実はこう答える人が多い）が、一体どうやって店の商品に対する熱意を伝えられるというのだろう。「**カフェ」の仕事の面接**

でコーヒーを飲まずに、どうやって素晴らしいコーヒーに対する愛情を分かち合えるというのか。

かたや、勧められたコーヒーを飲み採用された人は、夏の間だけのバイトのつもりであろうと、生涯ここで働くつもりであろうと、会社の中に居場所を見つけるチャンスを得る。彼らは、お客様が楽しめてリラックスできる体験を味わう手伝いをしたいと思っている。素晴らしいコーヒーを広めたいという思いがあり、上質なコーヒーを理解すれば、実際に人生は豊かになると、心から信じている。会社のミッションを実行し、ミッションを果たしたうえでの成功を望んでいる。

伝道者となる従業員は、会社に誠実であろうとするがゆえ、高みを目指し、進んでいく。だが、それには会社のサポートが必要である。彼らには信頼できる何かが必要なのである。

考えてみよう

□正直に言って、あなたの会社は従業員のことをどう捉えているだろう。伝道者？　会

社の駒？

□伝道者となるよう、会社が従業員に働きかけていることをリストアップしてみよう。逆に、伝道者となる気をそがれるような働きかけもリストにしてみよう。

□従業員の間で共有するビジョンや体験にはどんなものがあるか？　それらは従業員同士の結束を固めるのにどんな役割を果たしているだろう？

33

従業員エクスペリエンスが社員にも会社にも成長をもたらす。

私にとって最高の時間は、人々のために使う時間だ。

ハワード・ビーハー

（元スターバックス役員。社内プレゼンにて）

競合他社はスターバックスの商品を真似することはできるが、働く人々を真似することはできない。これこそまさにスターバックスが「従業員《パートナー》エクスペリエンス」、つまりパートナーの待遇に非常に力を注いでいる理由である。何といっても、お客様との大事なつながりをつくるのは、パートナーなのだ。

従業員管理は単なる人事の仕事、と思っているマーケティング担当者は多い。彼らは従業員を道具として見ている。だが、仕事を楽しいと思いやりがいを感じている従業員は、企業のマーケティング活動に奇跡を起こすことができる。自分の仕事に満足し、上司や同僚から尊敬される人物こそが、企業や商品、ブランドの広報に最適な人材である。楽しく仕事をする従業員は、ひいてはお客様を楽しい気持ちにさせる。

従業員には満足する権利がある

会社は人で成り立っている。バリスタから社長まで、自分の仕事に満足している人がいるから会社は成功する。

スターバックスの従業員の待遇は「WIIFM」（What's In It For Me＝そこから何が得ら

れるか）という要素を中心に考えられている。ここでいうＷＩＩＦＭとは、従業員を第一に考えるという理念であり、スターバックスの社内文化に深く根づいている。深く根づいているからこそ、スターバックスでは従業員のことを「パートナー」と呼ぶ。

この「パートナー」という称号も文字どおりの意味である。なぜなら、従業員は各々、ストックオプションという形で会社に直接出資しているからだ。ハワード・シュルツは「ビーンストック」と呼ばれるストックオプション制度を、株式を公開した前年の１９９１年に導入した。フルタイム、パートタイムにかかわらず、社員全員にそれぞれの基本給に応じた自社株購入権が与えられている。株式の価値は会社の利益に直結しているので、会社の成功に全員が関心をもつようになる。会社と社員の両方にメリットがあるのだ。

満足している従業員が「必要」だというのもあるが、それ以上に、従業員には満足する「権利」があるとスターバックスは考える。もともとハワード・シュルツは、普通以上に従業員を大事にすれば、ビジネスはうまくいくという考えの持ち主だった。全社員に健康保険制度を適用するという決断は、１９８０年代後半では革命的なことだった。

充実した福利厚生と離職率の低さ

スターバックスの元役員スコット・ベドベリの著書『なぜみんなスターバックスに行きたがるのか』（講談社刊）に、彼が95年にカリフォルニア州バークリーに飛び、スターバックスのオープンに反対する地元住民のリーダーと会ったときのエピソードが書かれている。

地元住民の団体は、スターバックスを、アメリカを「ジェネリカ」[※1]にするチェーン店のひとつだと捉えて、マスコミを集め抗議の意を表そうとした。だが、スターバックスの「従業員を大切にする」という信念のおかげで、ベドベリは形勢を一変することができた。

「スターバックスはパートタイムの従業員にも数々の福利厚生を約束している。なのに、従業員に十分な福利厚生を与えていない地元企業ではなくスターバックスを追い出したいと思うのはなぜか？」と尋ねたのだ。それを聞いていた一人のジャーナリストが、地元で店を営む店主に向かって従業員の福利厚生について尋ねると、パートタイムの従業員には福利厚生を与えていない旨をしぶしぶ認めた。スターバックスのバークリーでの出店は計画通りに進み、以来、店舗数はどんどん増えている。

店舗で働く従業員が企業の顔となる事業、彼らの一挙一動が人目につく事業では、尊敬の面でも福利厚生の面でも、従業員を経営陣と同列に扱わないと意味がない。

※1　チェーン店の乱立により都市が無個性化する状態を「ジェネリカ」という。

したがって、ファーストフード業界のような企業がマーケティングスローガンや看板、CMソングなどに法外な金額を払うなか、スターバックスは会社がロイヤルティを捧げる「会社で働く人々」にお金を使っている。2004年には7000万ドル近くを従業員の雇用と教育に費やした。この金額は同年に新規顧客開拓のために打ち出した広告費よりも多い。※2

スターバックスは世界中のコーヒーの楽しみ方を変えることに意欲的な企業であり、スターバックスのWIIFMは、単にコーヒー会社で働いているというよりも、何かに自分も参加しているという感情を大きくさせる。

特筆すべきは店舗で働く従業員の離職率である。よそのファーストフード店では従業員の回転率が300%近くなのに対し、スターバックスのそれは65%程度に抑えられている。つまり、ファーストフード店では12ヶ月に3回スタッフが入れ替わるのに対し、平均的なスターバックスでは18ヶ月に1回である。18～24歳という転職を重ねやすい年代がバリスタの圧倒的多数を占めていることを思えば、回転率を低く抑えることは非常に重要である。

従業員がスターバックスで働き続けたい理由のひとつは、待遇がいいことである。「従業員エクスペリエンス」が大事だとスターバックスでは捉えているおかげで、フォーチュン誌による「米国で働きたい企業トップ100」に、1998年以降連続してスターバックスの名前が挙げられている。〝社員から選ばれる企業〟というイメージを見返りとして得ているのだ。

もちろんイメージだけでなく、店舗で実際に働いてお客様を満足させる従業員にそう思われないと、意味がない。従業員を大切にすることを態度で示すこともせず、期待を上回る扱いもしていなかったら、スターバックスは今日あるような企業にはなっていないだろう。

考えてみよう

□あなたの会社でのWIIFMをリストアップしてみよう。正社員にしか適用されないものはいくつあるだろうか?

□あなたの会社と同業他社で、管理職の離職率を比較してみよう。離職率を下げるにはどんな手段が考えられるか?

※2 「スターバックスのカウンターカルチャーを保護する」グレッチェン・ウェーバー、『ワークフォース』誌2005年2月号

34

従業員の声をきき、ミッションを活きたものにせよ。

弊社は企業として成長する好機に恵まれていますが、あくまでも自分たちのやり方を貫いていく所存です。たとえどれほど急激に成長しようと、今日の成功にスターバックスを導いてくれた核となる信条を固守していきます。

（1996年スターバックス年次レポートより）

ミッション宣言《ステイトメント》は、たいていどの会社もほぼ同じ内容である。「業界の最高水準を遵守し、一致団結して採算性の向上に努める傍ら、顧客の期待を上回るためにリソースを相乗的に利用する」といったことを、どの企業も求めているようだ。昔から何も変わっていない。

たいていのミッション宣言は、現実味をもたないビジネス上の決まり文句が延々と続き、陳腐な言い回しを並べ立てて書かれているので、従業員はほとんど気にも留めない。良かれと思って丹誠込めてつくられた掲示物は、本社の壁で埃をかぶっているだけで、十年に一度の「お気楽な」社外役員ミーティングで思い出されるのが関の山だ。

ところが、スターバックスには、会社のミッション宣言を一字一句間違えずに暗唱できる従業員が大勢いると聞いたら驚くだろうか?

会社がミッション宣言を実行しているかどうかを尋ねる手紙が、月に２００通以上も従業員から届くと聞いたらもっと驚くだろうか?

驚くことはない。スターバックスのミッション宣言は分かりやすく、目標がはっきりしている。それに何と言ってもすぐに実行できる。会社のミッション宣言というよりは、会議室や店舗で日々下される意思決定が、会社にふさわしいかどうかを判断する基準を文書にまとめたものといってもよい。

ミッションの真の目的は、最適な意思決定を下しやすくするためだとスターバックスは考える。それゆえ、6つの非常に実行に移しやすい行動指針をミッション宣言《ステイトメント》に連ねている。222〜3ページに紹介してあるので、あなたも自分で読んでみてほしい。

一人ひとりが直接会社に意見や提案を行う「ミッションレビュー制度」

スターバックスではミッション宣言を生きた文書にするために、ミッションに反することが行われていると感じたら、どんな活動についてでも疑問を投げかけるよう従業員全員に奨励している。この制度は「ミッションレビュー」といい、毎月200前後の意見や提案が、熱心に会社を気遣う従業員たちから提出される。

提出された意見や提案には必ず返答するが、返答以上の形で応えることが多い。行動で示すのだ。そうすると、従業員全員に会社の考えが伝わるだけでなく、ミッションに沿って会社を運営していける。「意見に耳を傾けるだけでなく、意見について対応している」と従業員に分かってもらえる。そして、提案をうけて実施されたことについては、提案者個人の功績とされているということも付け加えておこう。

ミッションレビューの成果として、例えば、米国同時多発テロの悲劇の後、軍事活動に複数のパートナーが召集されたとき、会社の軍事保証規定を適用し、対象となるパートナーの給与、福利厚生、雇用状態を保証してほしいとの要望が寄せられた。スターバックスはこの要望を聞き入れ、対象となるパートナーに見合う形で軍事保証規定を適用することにした。

同じことが奨学金プログラムにも言える。店舗の従業員たちのほとんどが20歳前後であり、奨学金制度の導入を望むコメントが多数寄せられた。こうした意見にも耳を傾け、一年以上在職している従業員は奨学金が受けられるようになった。

社内からフィードバックを求め、従業員を優先して満足させる「ミッションレビュー制度」のおかげで、グローバル企業となった今でも、立ち上げたばかりの小さい会社だった頃の温かみのあるやり方で行動することができる。世界中に12万5000名以上の従業員を抱えていても、一人ひとりが直接会社に意見を言えるよう心がけている（大企業が中小企業のような活動をすることでどんなメリットがあるかについては、115ページの項を参照）。

ミッションを実行していなければ、従業員が黙っていないのだ。

Our Stores

自分の居場所のように感じてもらえれば、
そこはお客様にとって、くつろぎの空間になります。
ゆったりと、時にはスピーディーに、
思い思いの時間を楽しんでもらいましょう。
人とのふれあいを通じて。

Our Neighborhood

常に歓迎されるスターバックスであるために、
すべての店舗がコミュニティの一員として責任を果たさなければなりません。
そのために、パートナー、お客様、そしてコミュニティが
ひとつになれるよう日々貢献していきます。
私たちの責任と可能性はこれまでにもまして大きくなっています。
私たちに期待されていることは、これらすべてをリードしていくことです。

Our Shareholders

これらすべての事柄を実現することにより、共に成功を分かち合えるはずです。
私たちは一つひとつを正しく行い、
スターバックスとともに歩むすべての人々の繁栄を目指していきます。

これからも、いつまでも。

※これは、2006年の原書刊行時のものです。現在のミッションは以下の
スターバックスコーヒージャパン株式会社ホームページよりご確認ください。
http://www.starbucks.co.jp/company/mission.html

OUR STARBUCKS MISSION

人々の心を豊かで活力あるものにするために――
ひとりのお客様、一杯のコーヒー、そしてひとつのコミュニティから
ここに書かれた原則を、ぜひ毎日に活かしてください。

Our Coffee

私たちは常に最高級の品質を求めています。
最高のコーヒー豆を倫理的に仕入れ、
心をこめて焙煎し、
そしてコーヒー生産者の生活をより良いものにすることに
情熱を傾けています。
これらすべてにこだわりをもち、追求には終わりがありません。

Our Partners

情熱をもって仕事をする仲間を私たちは「パートナー」と呼んでいます。
多様性を受け入れることで、一人ひとりが輝き、働きやすい環境を創り出します。
常にお互いに尊敬と威厳をもって接します。
そして、この基準を守っていくことを約束します。

Our Customers

心から接すれば、ほんの一瞬であってもお客様とつながり、
笑顔を交わし、感動経験をもたらすことができます。
完璧なコーヒーの提供はもちろん、
それ以上に人と人とのつながりを大切にします。

考えてみよう

- □あなたの会社のミッション宣言《ステイトメント》を暗唱できるだろうか？　それに沿う形で行動できるくらいまで理解しているだろうか？
- □あなたの会社の従業員は、会社のミッションが身についているだろうか？　そのことを社内に報告する仕組みはあるだろうか？
- □会社が定めたミッションと目標を、会社としてどのようにして遵守しているか？
- □あなたの会社には、会社に対する批判と提案を受け入れる「ミッションレビュー制度」があるか？　社員の意見が聞き入れられ、受け入れられるようなオープンな雰囲気にするにはどうすればいいか？

35

リーダーこそ情熱的なフォロワーシップを取り入れるべき。

これまでのビジネスの世界においては、私たちはリーダーになることだけを教えられ、そのように育成されてきた。だがスターバックスでは違う。とびきり優秀と呼べる従業員は、リーダーである以上に、同時に情熱的なフォロワー（服従者）でもあるのだ。

スターバックスに入社した新人が最初に学ぶことは、会社は熱意あるリーダーよりも熱意あるフォロワーを重んじるということである。もちろんリーダーシップの重要性を軽んじてはいない。リーダーシップは会社が成功する上で重要な要素である。ただ、それと同時にフォロワーシップも不可欠なのだ。

フォロワーシップといっても、無批判に他人に従うという意味ではない。考えて行動することを控えるという意味でもない。ではどういうことかというと、決定がなされたら、その決定を尊重し決定事項に沿って仕事をするという意味である。言い換えれば、決定事項に逆らうのではなく、決定事項に沿って働くことに精力的になるということだ。

奉仕型《サーバント》リーダーシップとは？

スターバックスの核となる信条のひとつに、奉仕型《サーバント》リーダーシップという考え方がある。今では多数のミッション重視企業もこの考え方を取り入れている。奉仕型リーダーシップという言葉はロバート・グリーンリーフによって広まり、彼の著書の多くで語られている。

グリーンリーフの考えは、ヘルマン・ヘッセの『Journey to the East』(『ヘッセ全集(第10巻)』新潮社刊)の物語から着想を得たものだ。これは悟りを求めて不思議な旅を続ける一行の物語である。

この一行の中にレオという一人の召使いがいて、彼が皆の世話と雑用を行う。だが、レオの存在は皆の支えでもあり、その知恵と洞察力で皆を導いてもいく。レオが不意に姿を消したとき、残された一行は旅を続けることができず、諍いが起こり解散してしまう。

それから何年も過ぎた後、旅の一員であった物語の語り手が、あの旅の記録をとろうと当時の行程をたどる。そして偶然レオに出会う。レオは、あの旅を命じた精神界の長で、尊敬を集める偉大なリーダーだったのだ。

グリーンリーフはこの物語を引き合いにだして、リーダーが下につく者の奉仕者となることの重要性を説く。彼の考えでは、正しいリーダーシップは、下につく者が強制されて従うのではなく、自分の意思で従うと決めて、初めて発揮される。つまり、リーダーが最初に奉仕者となれば、奉仕者としての役割から自然にリーダーシップが生まれるというのだ。

奉仕型リーダーシップは、献身的で積極的な社員を求める組織に、2つの重要な見識を与えてくれる。

①熱心なフォロワーシップは下につく者の意思と熱意でつくられる。熱意ある社員を求めるなら、まずは自分が奉仕しなければならない。

②他人のニーズとウォンツに奉仕する人はリーダーになれる素養がある。つまり、リーダーとフォロワーは相容れない存在ではないのだ。

リーダーに必要な3つのスキル

何年も前からスターバックスは、ストアマネジャーを対象に、奉仕型リーダーを育成するための一日セミナーを行っている。このセミナーでは、特に、共感、傾聴、誠実に焦点をあてている。

「共感」は、スターバックスが従業員たちに身につけてほしいと思っている大事な性格特性のひとつである。相手の願いや要望に共感できなければ、人々のニーズとウォンツに奉仕することはできない。

また、ニーズとウォンツへの奉仕という概念の重要な要素のひとつが「傾聴」である。社員、上司、お客様が実際に口にすることに熱心に耳を傾けることは、相手が何を求めているかを理解する上で欠かせない。そして、事態の大小にかかわらず、どんな場面でも自分自身に誠実かつ正直でいられるということが、もうひとつの特性である。共感、傾聴、誠実の3つを、奉仕型リーダーシップの主要なスキルとして、ストアマネジャー全員に教え込む。

スターバックスは従業員に多くを望み、その見返りとして多くを与える。社内で成功を勝ちとるのに必要なことを明確に示すことで、従業員に会社のミッションを実行する気にさせる。そして、熱意あるフォロワーやリーダーが育まれていくのである。

考えてみよう

□部署または社内で、奉仕型リーダーシップをとっている人はいるか？　その人たちのやり方をうまく自分に取り入れるには、どうすればいい？

□あなたの会社の社員は、そこで働く必要がなくても、とどまっているだろうか？

36

従業員が見限るのは会社ではない。人だ。

悪い上司は、誤った経営判断よりも会社に損害を与える、とスターバックスでは捉えている。従業員が会社を去るときは、会社というより上司のせいである場合が非常に多い。来店するお客様にとってのスターバックスの「顔」が、他の誰でもないバリスタであるのと同様に、店舗で働く従業員たちにとってスターバックスを代表する「顔」は、ハワード・シュルツでも他の誰でもない。バリスタを束ねるストアマネジャーなのである。

スターバックスでいう最高の上司は、部下のプロジェクトではなく、部下を上手にマネジメントするやり方を見つける人である。つまり、部下の仕事に干渉することなく、作業の行い方に幅をもたせるようにするのだ。そうすることで、従業員たちは期待以上の成果をあげ、立派な結果を出したいと思うようになる。

こんな上司は、いわゆる「直属の部下」のアイデアを支持するのも非常にうまい。部下から持ち上がったアイデアを社内の複雑な決裁プロセスを通過させるために世話をし、アイデア実現の道を開いてくれる。

尊敬と賞賛を集める上司は、勤務評価をつける責任の重みを受け止めている。彼らは勤務評価を、直属の部下がスキルを磨き昇進するための良いチャンスと捉えている。部下の一人が昇進して、結果的に自分の部署内に大きな穴が空くことになるとしても、その元部下の評価が良ければ、自分の評価はさらに上がることを理解しているのだ。

また、できる上司は「火消し」の名人でもある。プロジェクトが大混乱に陥り、出口が見えない状況になったときでも、彼らは真っ先に火の中に飛び込み、自ら問題解決に取り組むだろう。

従業員が敬意と信頼を抱くマネジャーとは？

2001年、シアトルはマグニチュード6・9を記録する地震に襲われた。スターバックス本社ビルは大きな被害を受け、しばらく店舗と連絡がとれない状態になった。通信網が回復してからも、元通りになるにはかなりの時間を要した。

店舗との連絡窓口という不可欠な役割を務めるオペレーションチームは、シアトルの旧焙煎工場の研修室に一時的に移動する他なかった。45名の従業員《パートナー》は6ヶ月間、ひとつの部屋に詰め込まれた状態で作業をすることになり、T1と呼ばれるデジタル専用ラインと携帯電話が、外界との通信手段だった。

このような厳しい環境下で、オペレーションチームは実に見事な手腕を発揮した。頻繁に誰かの家に集まってミーティングを行い、この状況下で何千もある店舗をいかにスムーズに機能させるか検討し、ほとんどの場合チームを組んで作業にあたった。

だが、このシアトルでの困難な状況で得た一番の成果は、ストアマネジャーに対する理解が深まったことだった。彼らは上層部からの手助けや直接の指示があまりなくても、優れた実行力と判断力をもって行動した。

人が見限るのは会社ではない。人である。それも、本社ビル8階にいる役員たちではなく、パートナーたちにとっての「会社」である、現場のマネジャーを見限る。

また、これとまったく同じ理屈で、機知に富み、ひたむきで、思いやりのある礼儀正しい人物には、彼らは敬意と信頼を抱くのである。

考えてみよう

□あなたの会社の従業員の離職率を業界平均と比べてみよう。

□勤務評価は定期的に行われているだろうか？　勤務評価の成果は見えるだろうか？　また、オープンで明瞭なやり方で行われているだろうか？

□あなたの部下にあたる管理職とその部下は、あなたが不在でもちゃんと仕事をこなすだろうか？（答えがイエスでもノーでも）なぜそうだといえるのか？

37

ブランドは、人の情熱によって生み出される。

タリーズコーヒー、カリブーコーヒー、コージー、グロリアジーンズ、シーシーズコーヒーハウスなどの意欲的なコーヒー業界のライバルたちは皆、どこかしらスターバックスの成功を真似ようとしてきた。だがどの企業も、何かが足りなかった。ライバル企業たちは、スターバックスの提供する商品や体験《エクスペリエンス》を模倣し、それは今なお続いている。だが、商品や体験をお客様に提供する人材は、彼らには真似することができない。

商品がブランドをつくるのではない。人がブランドをつくる。**ブランド構築には、商品そのものよりも、人のほうが大事なのである。**だからこそ、お客様に素晴らしい商品と有意義な体験を提供するのにふさわしい人を雇うことに、スターバックスはとてつもなく力を注いでいる。

従業員を雇うときは、店舗レベルでも企業レベルでも、応募者の偽りのない「人」としての資質をみる。その資質とは、次の４つである。

① **誠実さ……**誠実な人は接しやすく、誰からも好かれるので、周囲との信頼関係が生まれる。チームの中で大きく貢献するようになり、心のこもったサービスをお客様に提供してくれると捉えている。

②**真面目さ**……真面目な人は思いやりがあり、彼らにとってはすべてが大切なので、些細なことにも注意を払う。よって、「すべてが大事」なスターバックスでは、雇う際に一番重要視する資質である。

③**知識欲**……スターバックスで働く場合、お客様に自信をもってコーヒーについて語れるほどの知識を身につけてもらうことになる。この資質を見極めるポイントは、質問を投げかけてくるかどうかである。質問をするということは、スターバックスでは短所ではない。長所である。探求心のある人には豊富な知識が身につく。知識豊富になると、周囲に簡単に教えられるようになる。

④**積極性**……会社や地域にかかわろうとする人は、スターバックスでは重視される。何かに参加したり周囲と交流を図るために時間をさくということは、面倒見のいい気質のあらわれである。スターバックスは人との感情のつながりを築いていこうとする会社なので、面倒見のいい人を求めている。

最終的に人を動かすのは情熱

スターバックスは、つまらない日課と思われていたコーヒーを、気持ちが明るくなりリラックスできるものに格上げすることに情熱を燃やした人々によってつくられた。それが、このミッションの遂行に一役買おうという人々——お客様、そして従業員《パートナー》たち——を惹きつけたのである。

ライバル企業のひとつ、タリーズコーヒーは1992年に設立された。創始者は、スターバックスが北米の太平洋岸北西部に進出するときに、ロケーショニングを手伝ってくれた不動産開発業者である。スターバックスの成長を目の当たりにし、その成功の「青写真」を再現できると思ったのだろう。そして、ある程度は成功した。上質なコーヒーを出す明るい雰囲気の店で、スターバックス体験《エクスペリエンス》に似た体験を提供しようと努めている。

だが根本的な違いがある。タリーズコーヒーは（どこにも記されていないが）、スターバックスによってシアトルから全米に広がった、グルメコーヒーブームに乗じることをミッションとしていた点である。やはり、「後追い」なのである。儲けるチャンスは有効に活用したが、彼らは情熱に衝き動かされているのだろうか？ タリーズコーヒーの従業員はその「情熱」がもてるのだろうか？

お客様は、商品やサービス、そして企業と、人としてつながりをもてるようになりたいと望んでいる。スターバックスの人々はお客様のウォンツをこのように捉えている。

人としてお客様とつながりをもつという考え方は、何もサービス業だけに限ったことではない。スーパーに行ったときに、色々な商品のパッケージを注意してみてほしい。例えば「キングアーサー小麦粉」を目にしたら、小麦粉でもこれほど個人に語りかけられるのかときっと驚くだろう。出資者は１００％従業員という、２００年の歴史をもつこの会社は、頑ななまでに品質にこだわり、そのことをパッケージに載せ、消費者に小麦粉はどれも同じではないと納得させている。このパッケージを前に、あなたはどんな気持ちになるだろうか。小麦をひいた人、その小麦粉を苦労してここまで運んでくれた人の思いと情熱が心に響いてくるに違いない。

商品にかかわった人々の情熱が、商品から伝わってくる企業は数多くある。ベンアンドジェリーズ、ザ・ボディショップ、アップル、サウスウエスト航空……。どの会社も一目見ればすぐにわかる。

情熱をつくることはできないし、つくっても長くは続かない。情熱は自然に生まれるものである。そして、スターバックスがライバルより常に優位に立てる強みがひとつある。それはパートナーたちがもつ情熱である。だがこれは、適格な人材を雇い、彼らの内に秘めた能力を目覚めさせれば、どの会社にももてる強みである。

ブランドは人によってつくられる。なぜなら、商品やサービスと違い、ブランドにかかわる人々、そして人々の情熱は、ライバルに真似できないからである。

考えてみよう

□あなたの会社では、社員の情熱をどのように生かしているだろうか?

□マーケティング活動やパッケージなどから、商品やサービスを支えている人々のことを、お客様に感じとってもらえているだろうか?

38

自己満足に陥るな、現状維持に抵抗せよ、うぬぼれをうち砕け。

だが改革の道は、コーヒーの過去、現在、未来の主唱者という私たちの在り方と調和のとれたものでなければならない。私たちは文化をつくる会社ではない。最高のコーヒー体験を提供する会社である。たまたま何百年にわたり、コーヒーに、読書、音楽、食事、地域社会、自己発見、独創的なひらめきがついてまわったのだ。これがスターバックスと文化とのつながりであり、私たちはようやくそのつながりを探り始めたところなのだ。

スコット・ベドベリ
（元スターバックス役員。社内プレゼンにて）

市場を独占し、目下のところ強力なライバルも見あたらないのだから、そんなにあくせくしなくてもいいのではないか、とスターバックスに対して思うかもしれない。スペシャルティコーヒー市場を基本的に独占し、その勢いだけで「世界中に最低3万店舗」という会社としての目標を達成できるのではないか。

だがスターバックスは、いつ何どき、今の成功が音をたてて崩れ落ちるかわからないという考え方をする企業なのである。市場がラテ愛好からエスプレッソ追放に突然変わるかもしれない、という危惧を抱いている。

スターバックスは色々な面で、会社を立ち上げた当初の心意気でビジネスに従事している。いつまでも起業精神を忘れずにいるのは、「3つのC」に屈しないことにしているからである。3つのCとは、Complacency（自己満足）、Conservation（現状維持）、Conceit（うぬぼれ）。この3つのせいで、多くの企業の成功や成長が狂わされてきたのである。

企業の成長を狂わす3つのC

①自己満足

Complacency（コンプラセンシー＝自己満足）とは、現状の自分に満足してしまっていることである。この状態にあると、順調に進んでいると思い込んで、その妨げとならないよう、新しいことを何もしようとしない。

スターバックスが現状に満足していたなら、1995年にフラペチーノを発表しなかっただろう。そんなことはせずに、単なるラテのアイスバージョンで十分だと思ったに違いない。フラペチーノ類は店舗の年間売上の20％近くを占めるので、フラペチーノがメニューに加わらなかったら、今ほどの規模にはとても成り得ていないはずだ。

また、現状に満足していたなら、ランチビジネスに対して10年以上も継続して力を注いだりしないだろう。コーヒーがビジネスの核であることに変わりはないが、フードはビジネスチャンスとして捉えているのである。午前10時から午後2時の来店客を増やす試みとして、サンドイッチやランチタイムに提供するフードに多くの時間と資金を費やしてきた。まだこの点については問題が残っているが、引き続き力を入れていくつもりである。

新しいことに挑戦し、違った見方で物事を捉えると、企業は現状のビジネスの上にあぐらをかいていられない。確かに、新しい試みは、失敗することもあれば素晴らしい成功を収めることもある。活発なビジネスには陰と陽があるからこそ、注目をひき、人の心を惹きつけ、成功につながるのだ。

企業の成長を狂わす3つのC

②現状維持

リスクを負うことをやめた企業は、保守的な意思決定を下すようになってしまう。企業が保守的になると、今あるものを大きくするのではなく、守ることを前提に決定を下す。スターバックスが保守的であれば、ヒアミュージック・ビジネスを通じて音楽産業にかかわることはなかっただろう。店内に流れていた音楽の人気が高かったのは事実だが、カフェでCDを買ってもらうことを期待するのはリスクだった。だが、このリスクをとったことで、音楽レーベルとしての信頼と売上を得ることになり、十分な成果をあげることになった。

リスクに立ち向かう精神は別の部分でも発揮している。ヒアミュージックレーベルと同じ部門であるスターバックスエンタテインメントが、映画制作配給会社のライオンズゲートと提携し、映画『アキーラ・アンド・ザ・ビー』の宣伝活動を行うことにしたのは１１２ページでも述べた通りである。これはスターバックスエンタテインメントにとって初の試みだった。保守的な企業なら絶対に冒険しない分野だろう。

この提携により、ライオンズゲートは、スターバックスの顧客という映画の想定ターゲット層にうまくマッチした見識ある人々に、独自にアプローチすることができた。スターバックスにとっては、キャラクターフィギュアや大がかりで派手な宣伝など、ファーストフード店が映画とのタイアップでよく実施するような手段を使わずに、自分たちが良い作品だと思うインディペンデント系映画を顧客《カスタマー》に紹介する機会となった。

映画が公開される直前の2006年4月、ハワード・シュルツは「ちょうど音楽で示したように、スターバックスは最終的に映画業界のマーケティングと配給のルールを変えることができるだろう」と語った。[※1] 公開前に映画を見たバリスタたちは、スターバックスの口コミキャンペーンの力で成功させたいという希望に胸をふくらませた。

音楽や映画への取り組みが長期的に成功するという保証はないが、失敗するという保証もない。それがリスクを負う魅力だ。**保身に回らない企業は、他社が絶対に立ち入らない事業を試し、そして成功を勝ちとることができるのである。**

企業の成長を狂わす3つのC

③うぬぼれ

うぬぼれた企業は、外的な消費者ニーズよりも内的なビジネスニーズを優先するようになる。

スターバックスがうぬぼれていたなら、市民団体の要求を受け入れて、ホルモンフリー（ホルモン剤を投与されていない牛の）ミルクや公正取引認定を受けたコーヒー豆を使用するようにはならなかっただろう。ホルモンフリーのミルクと認定コーヒーに対する要求は、次第に大きくなりつつある。公正取引に関する議論は、いまだ大きな課題である。

スターバックスはお客様に喜んでもらいたいし、コーヒー農家にも適切な代金を支払いたいと思っているが、品質と味に妥協を許すつもりはない。入手可能な最高のアラビカ種を購入し、高水準の味を守っている。お客様が期待する味と質を提供する——これがスターバックスの最優先事項である。大量の認定コーヒー豆を購入することが可能だからといって、コーヒーの品質水準を落とすつもりはない。

現在、認定コーヒー豆がスターバックスの総販売量で占める割合はごくわずかであり、そのほとんどは認定コーヒー単独で販売されるのではなく、「スターバックスハウスブレンド」などに混ぜて使用されている。しかし、認定コーヒーの品質が改善されれば、ス

※1　「スターバックスエンタテインメント部門とライオンズゲート社が、従来の映画界のマーケティングと配給を変えるために提携したと発表」／Business Wire（米国企業ニュースリリース）2006年1月12日付　forbes.com

ターバックスで扱われる量は今後増えるだろう。

正しいことを正しく行うことの重要性はスターバックスも分かっている。ここで言う正しいこととは、社会的道義に則ったミルクと、コーヒー農家を過酷な状況から守るコーヒーを品揃えに加え、お客様に選択の余地を与えることである。批判や提案に耳を傾け対応しているのは、スターバックスが自社の利益に沿って動いているか、お客様のためを思って動いているかは、お客様が常に教えてくれると理解しているからである。

3つのCに陥らないように努めているから、スターバックスは常に活動的になることができ、コーヒー業界やグローバル市場で生き残ってこられた。何よりも、従業員がリスクを負い、大きな目標を抱き、成功の度合いに関係なく謙虚な姿勢を忘れなければ、どんな企業も生き残っていけると証明してくれたのである。

考えてみよう

□過去12ヶ月で会社が行ったリスクを伴う活動をリストアップしよう。成功したもの、失敗したものの理由を考えてほしい。

□社内で現状維持と呼べるものにはどんなものがあるか？
□うぬぼれのせいでやりがいのある事業に進出しなかったようなことはないだろうか？
うぬぼれという気持ちをなくすには、何をする必要があるか？
□自社が自己満足に陥らないための対策として、どんなことを始めるとよいか？
□お客様から要望があったものはないだろうか？　要望がある場合、どのような対応をとっているだろうか？

39

ベテランと新人のあいだに架け橋をつくれ。

ブランドは過去の自分を打ち壊すことなく、大きくしていくことができる。ただ、過去を未来につなげればいいのだ。

スコット・ベドベリ
（元スターバックス役員。『なぜみんなスターバックスに行きたがるのか？』講談社刊より）

企業が成長すると、増えた分の仕事をこなす人員も必要になる。どの企業も成長を遂げるうちに、いずれは、長くいる従業員（ベテラン）と入ったばかりの従業員（新人）の能力と観点を組み合わせる必要がでてくる。このベテランと新人の統制を図ることが、成長過程でスターバックスが直面した大きな課題であった。

会社の過去を理解することなしに、未来が見えるはずなどない。先輩従業員は、新人に会社のルーツを教え込む一端を担うという重要な役割を果たすだけでなく、会社とそのルーツのつながりを守ってもいる。

だが一方で、ベテラン従業員が「会社に慣れていない人間のアイデアは信頼できない」と決めつけてしまうおそれもある。特にスターバックスのような、１９８０年代後半や90年代前半から会社の成長と発展に携わった人々が多い企業に、その傾向が強い。急激な成長を遂げていると、わずか数年で数十年の経験を積んだと安易に思いこんでしまう。当事者意識が育つのは素晴らしいが、自分勝手なことを始めてしまうおそれもある。

スターバックスは試行錯誤を繰り返し、ベテランの見解と新人の考えをつなぐ方法を学んだ。次に紹介する方法は単純なものであるが、これからも成長を続けていきたい企業にとって、重要なことである。

ベテランと新人をつなぐ方法
①解決策を与え、障害は与えない

ミーティングでアイデアを出し合う場合、ベテランは「わかった、でもそれは絶対うまくいかない。何年か前にやってみたことがあるからね」と言わないよう気をつけること。その代わりに、こう言おう。「わかった、では……」。そして、続けるのだ。「わかった、ではその案についてもっと検討しないといけないな。以前よく似たことをやったときは、思ったとおりの結果が出せなかったからね」

このように告げることで、新人は問題事項を把握し、自分の案に対して社内から反対を受ける恐れのある理由を前もって知ることができるのだ。

ベテランと新人をつなぐ方法
②先生になる

新人が他社で得た経験を活かす機会があるとはいえ、ベテランは新人にスターバックスの社内文化の色を、時間をかけて教える必要がある。

例えば、スターバックスでミーティングを行う場合、最初にコーヒーのテイスティングを必ず行っていた。テイスティング中は、まるでワイン通がワインを語るように、従業員《パートナー》同士でコーヒーを賞賛し感想を述べあったものだ。

ミーティングのたびにコーヒーのテイスティングから始めるのは合理的でないと言われればその通りであるが、先輩たちは必ずそうするようにしてきた。今なおこの習慣は守られていて、ミーティングの前にテイスティングを必ず行うようにしている。

ベテランと新人をつなぐ方法
③まずは聞く。それから対応する

こんなシナリオを見たことはないだろうか。新人がやってきて銃を乱射し、「もうたくさんだ！」と言って自分の口に銃を入れて自殺する……。新人は、最初のうちは、行動するよりも聞くことに集中するよう心がけるべきである。

スターバックスの暗黙のルールに、「**ミーティングで自分の意見を主張するようになるには6週間待て**」というものがある。6週間あれば、社内文化や会社の事業の歴史などがひと通りわかるようになる。つまり、この期間で、新しいアイデアや意見に対して起こりそうな反応を予測できるようになるのである。

もちろん、新人には行動に出ることを期待している。彼らには、別の分野や企業で培った貴重な経験がある。構想に対するアイデアやアプローチを頻繁に出してもらうことが、そもそも彼らを採用した理由なのだ。この6週間という期間で、既存の社内文化を尊重し、変革を唱える前に文化を学ぼうという姿勢を示すことになるので、それが過ぎれば、新人の信頼性が固まる段階に入る。

ベテランと新人をつなぐ方法
④ベテランと交流を深める

スターバックスでは外部から来た管理職のために、メンタリング制度を用意している。新しく入社した管理職というものは、会社に対して厳しい意見をぶつけ、強い解決策を打ち出すことが周囲からの尊敬を得る最善策と考えがちであり、そうした行動に出ることが非常に多く見られる。自分はこの地位にふさわしい人間だと証明しなければならないと感じているのだ。

スターバックスでは、新しい管理職には、8～10年の経験をもつ幹部をメンター（指導者）として割り当てる。メンターになる人は、はえぬきの幹部が多い。人とのつながりを中心とした社内文化で長年働いている人と同じチームになると、新人は、会社、地域社会、従業員を中心に考えるパートナーに生まれ変わる。

メンタリングという関係を通じて、外部から来た管理職は、社内の常識を深く理解することができる。その結果、ほとんどの新人管理職は挫折することなく、長きにわたって会社に大きく貢献するようになる。先輩と交流を深めることが、スターバックスで働く心得を身につける近道なのである。

考えてみよう

□新人が社内文化にとけ込めるよう、あなたの会社はどんなことを行っているか？

□直近の中途入社社員は、会社からどんな歓迎のされ方をしただろうか。自分が中途入社するときはそんなふうに歓迎してもらえたら、と思えるものだったか？

40

経験に勝る情熱を持っている者を雇いなさい。

あなたの望む場所に到達したことがあるという人ではなく、そこへ連れて行ってくれる人を雇うほうがいい――これは、アップルコンピュータで一時代を築いたガイ・カワサキが、自身の著書『The Macintosh Way』（未訳）で記した素晴らしいアドバイスである。このアドバイスは、スターバックスの雇用のやり方が正しいと強調することにもなる。スターバックスは、経験に富んだ人よりも、活力、誠実さ、やる気を持ち合わせた人や、誰からも好かれる性格を持ち合わせた人を重視する。

経験豊富な人は、時として謙虚さを欠く

２００１年、新しいＣＭＯ（マーケティング責任者）がスターバックスにやってきた。この女性はクォーカーオーツ、ジェネラルフーズ、サンビームなどの大手企業でキャリアを積んでいたが、スターバックス独自の文化をほとんど理解しようとせず、部下となった人々に信頼を置くこともしなかった。そのためほどなくして、世界で最も成功を収めたブランド、スターバックスを順調に築いてきた人々の怒りを買うようになった。

彼女は従業員の情熱を受け止めようと努めることもせず、下で働く人々を未熟で青臭い

といって解雇した。自分よりも劣っていると感じた相手の意見には耳を貸さず、ひたすら命令し、支配権を強め、彼女自身が率いる内部チームの能力を「上回る」独創的なマーケティング活動を行うために、高い報酬を約束して外部のコンサルタントを引き込んだ。

当然ながら、外部から来たコンサルタントたちに、コーヒーやスターバックスに対する情熱はなかった。このCMOは、自分が以前やっていたやり方で仕事を行ったのだ。失敗は彼女にとって耐えられないことだったので、失敗する恐れのあるアイデアを容認することはなかった。

しかし言うまでもないことだが、失敗から得ることは、成功から得ることよりも大きいことが多々ある。むしろ、失敗を回避することにこだわっているうちは、成功は望めない。このCMOは5ヶ月後に退任することになり、外部から来たマーケティングコンサルタントらも去ることになった。彼女ほどの経験はないが熱意ある人々が残り、仕事に取り組んだ。

経験豊富な人が「いいや、そんなことできるわけがない」と簡単に言ってしまうのは、別の仕事でよく似たことをやろうとし、失敗したことがあるからだ。ところが、胸のすくような純真さで仕事に取り組む熱意ある人々は、「やってみよう」と言い、過去に失敗したことがあるからといって禁じたりしない。

経験豊富な人は時として謙虚さを欠き、もうこれ以上学ぶことはないと本心から思ってしまいやすい。しかしスターバックスで働くのに向いている人は、経験に勝る情熱を持っているのだ。実にシンプルである。

考えてみよう

□人材を雇用するとき、どんな特性を調査し、候補者をふるいにかけているか？　単に経験がないという理由で、秘めた才能を持つ候補者を除外してはいないか？

41

参加することが最低の条件であると心得よ。

なんじ無為に傍観することなかれ。

ハワード・ビーハー
（元スターバックス役員。社内プレゼンにて）

ミーティングや会議で、進行に身を任せ、何もせずに座っていたことはないだろうか。流れに身を任せていても、スターバックスでは出世できない。そればかりか、いずれは追い出されてしまうだろう。スターバックスで大きく成功した従業員《パートナー》たちは、ミーティングや会議に出席したら、参加するものと捉えている。**ミーティングに出席するという返事を出すことは、有益な貢献ができる準備をして臨むということである。**自分の見識を提供し、厳しい質問を投げかける。これが参加するということだ。

参加することで、合意形成を図る一人となるだけではない。会社を大事に思う一人であり、行動を自ら起こしたいと願っている一人であると周囲に理解してもらえるようになる。

意見の相違を歓迎する雰囲気をつくりだす

ときには参加の代償として、目を背けたい事実を持ち出したり、厳しい問題を提起したり、皆と反対の意見をぶつけたりすることになるだろう。そんなときは、自分は仲間ではないような気持ちになり、居心地の悪い思いをする。誰だって、アイデアをこき下ろし、新しい戦略や構想の粗探しをする奴だと思われたくないものだ。

だが私は、間違った決定を避けることになるなら、あえてリスクを冒し、自分の性分に合わないこともやろうとしていたタイプだ。自分の経験から言うと、たとえ孤立するかもしれない不安にその場では駆られても、長い目でみれば常に意見を言った甲斐はあった。ところが、そんな態度が賢明であることを理解する人は少ない。だからその結果、他の人がどう思うかを気にして尻込みし、自分の意見を述べたり警告を発したりすることをやめてしまう。皮肉なことに、この孤立への恐怖心が、間違いだとわかっている決定を下す方向に、皆を導いてしまうのだ。

ジェリー・ハービイは名著『The Abilene Paradox』（未訳）で、ひとつのグループに属するメンバーが、他の人から拒絶されるのを恐れるあまり、自分の本意に反して堂々と賛成してしまうという状況における集団の力について述べている。ハービイの主張によると、合意に達してしまうことのほうが、対立が起こるよりもはるかに重大な問題だという。

意見の相違を恐れるのではなく歓迎する雰囲気をつくりだすと、従業員は意思決定プロセスに積極的に参加できるようになり、熱心で情熱をもった素晴らしい従業員が生まれる。どんなミーティングや会議にも、出席したら参加することが条件である。他人に任せていてはいけない。あなたが参加しなければならないのだ。

考えてみよう

□ あなたの会社では、社員の参加をどのように促しているだろうか？

□ 会議に参加しづらくしている点はないだろうか？

42

「健全な話し合い」を奨励せよ。

会議室一杯の情熱と、いつも大量のカフェインを摂っている意欲的なパートナーたちがミーティングに会したら何が起こるか？「健全な話し合い」である。

スターバックスでは一見平穏に業務が行われているように見えるが、本社ビルの100を超す会議室の扉の向こうでは、熱い論争が繰り広げられている。

こういう難しい話し合いは、スターバックスでは、廊下の片隅ではなく会議室で行おうとする。なぜなら、合意形成、つまり意思決定を行う際の習慣として、決定を下す前にあらゆる角度から考察することを必要とするからである。数人が廊下の立ち話で話し合っていてはそんなことはできない。

2000年代前半、不健全な廊下の立ち話が頻発し、プロジェクトのチームとしての効果が弱まってきたことを受けて、当時のCEOオーリン・スミスは「会議を効果的に行うルール」を各会議室に掲示した。このルールは、プロジェクトチームでのミーティング時に健全な話し合いをすることを再認識し、奨励するためのものだった。

スターバックスでは、会議を有意義に進めるために、7つのルールを設定している。

①明確な目標を定める
②中心となっている議題に沿って進める
③定刻に開始し、定刻に終了する
④会議の進行役を決め、出席者にも明確な役割を与える
⑤忌憚のない議論を行うようにする
⑥次のステップと責任を伝える
⑦目標を完遂する

考えてみよう

□あなたの会社の社員にとって、会議とはワクワクするもの？　それともビクビクするもの？
□あなたの会社での会議はどのくらい有意義に行われているか？　健全な対話が行われているるか？
□あなたの会社では、会議のあいだに意思決定がなされているか？　それとも会議室の

外でなされているのか？

43

組織図の中に お客様を位置づけよ。

企業が大きくなると、企業の組織図も大きくなる。企業の成長は新規部門の誕生や部門の再編成を引き起こし、最初は単純だった組織図が、いくつも線や波線で複雑に部門や役職を囲った四角をつないだものになる。スターバックスも例外ではない。

スターバックスでは、18ヶ月ごとに大規模な組織再編を試み、組織構造を改めることが通例である。このとき、経営陣は2つのことを行う。

ひとつめは、これまでのなじみの環境はなくなるが、変更に動じることなく、新しい組織編成に一刻も早く慣れることに努めるよう従業員に念を押すこと。

2つめは、組織や部門がどのように変わろうと、一番大切な上司は「お客様」であるということを従業員に思い起こさせることだ。このことを組織図で表すとどんな形になるかというと、「お客様」から全従業員にそれぞれ線が下りることになる。そこに職種も役職も関係ない。

スターバックスでは、資料室の奥底に眠っていた古くから存在する組織図を取り出してきて提示し、一番大切な上司はお客様であるということをわかりやすく説明することにしている。まずは、268ページの組織図をご覧いただきたい。

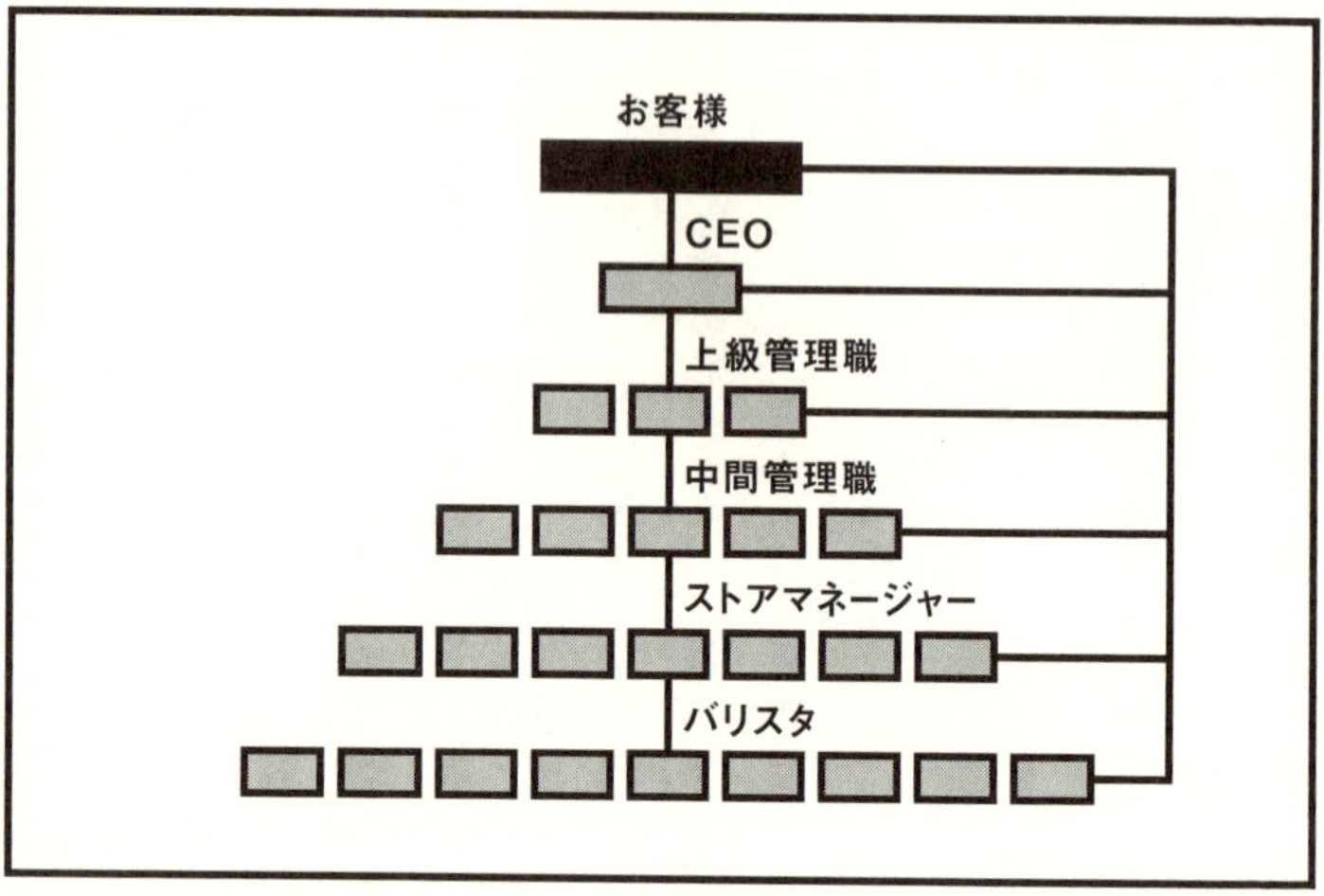
お客様
CEO
上級管理職
中間管理職
ストアマネージャー
バリスタ

会社の成長とともに組織構造が複雑になるのは自然なことである。特に、部下を監督し、上司に報告する中間管理職がどうしても多くなる。

スターバックスは、ほとんどの組織図に「お客様」が存在しないと気がついた。そこでスターバックスでは、どの組織に属しようと、お客様と直接つながる線で従業員を結ぶことにした。この線は組織構造のすべての線を飛び越えて、各人につながっているのだ。270ページの図をご覧いただきたい。

顧客志向の企業にとって本当に大切な組織図はひとつしかないとスターバックスでは考える。それが、従業員全員が本当の上司に仕えるということを象徴的に表す上の組織図なのである。**本当の上司とは、もちろんお客様なのだ。**

考えてみよう

- □**あなたの会社の組織図は、誰がみてもわかるくらいシンプルになっているか？　社内の人間が納得のいく組織図だろうか？**
- □**あなたの会社の組織では、顧客はどこに位置しているだろうか？**

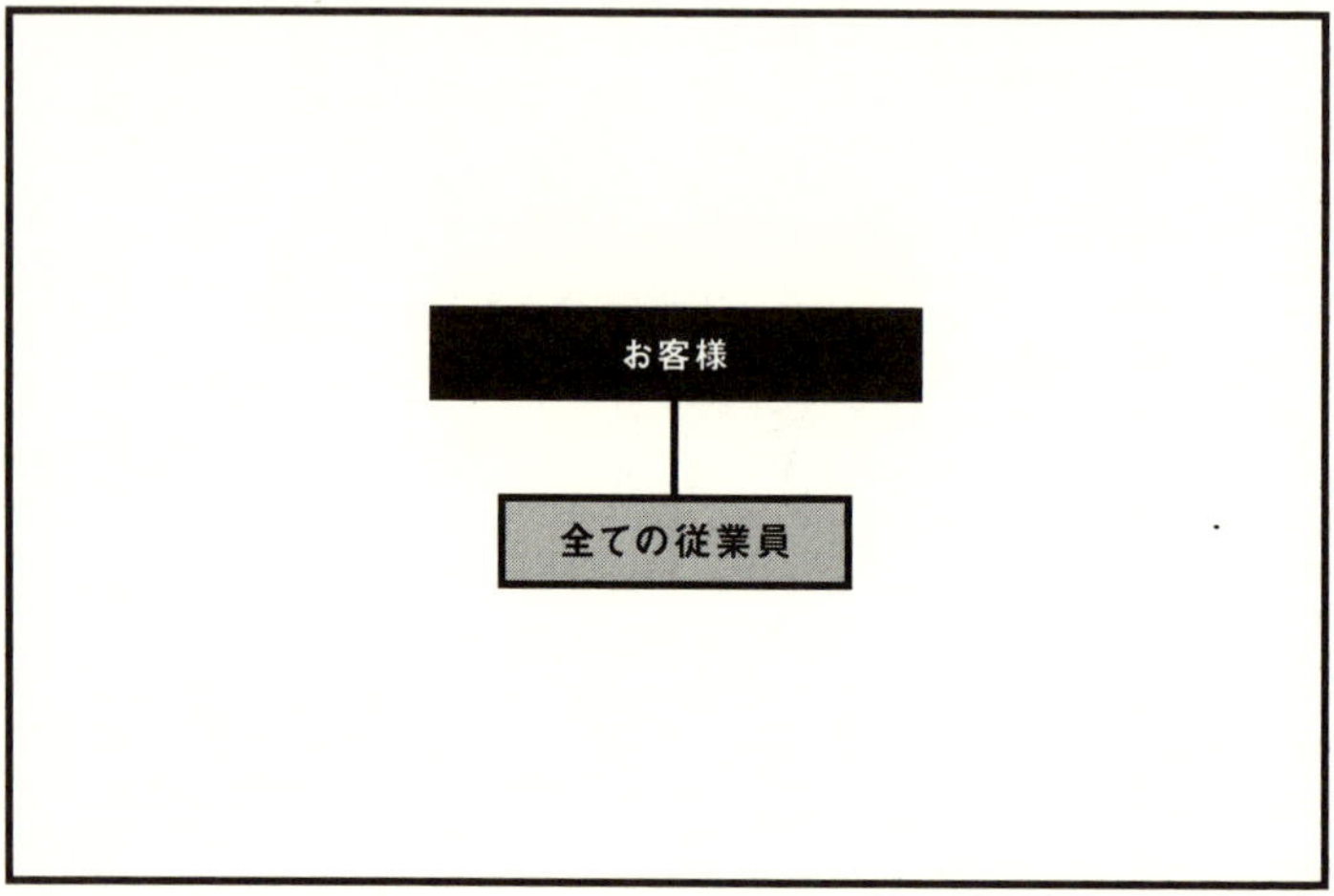
お客様
全ての従業員

44

自分の仕事を前年比で評価せよ。

意欲的なスターバックスの従業員たちは、自分の仕事ぶりを前年と比較評価する人が多い。彼らは、ちょうど企業や金融アナリストが前年比の売上の伸びを見て、企業の体力を評価し将来的な成長の見通しをつけるのと同じようなやり方で比較評価する。

現時点の仕事ぶりとその前年の仕事ぶりを比較することで、職場に対して自分がどのように貢献しているのか詳しく評価することができるので、自分の仕事ぶりが上昇傾向にあるのか下降傾向にあるのか、総合的に判断することができる。

自分の仕事ぶりを客観的に表さなければならないとしたら、あなたはどうするだろうか？　昨年と比べて今年は２％良いと自分でわかるだろうか。それとも、20％良くなったと言えるだろうか。いや、前年と比べると悪くなっているだろうか。

次の勤務査定が行われる前に、自分の仕事ぶりを客観的に比較評価してみよう。気をつけてほしいのが、尺度には客観的で定量的なものもあれば、純粋に主観的で自分の判断ひとつで決まるものもあるということだ。それで構わない。自分の仕事を前年のそれと比較するということは、自己評価の手段のひとつに過ぎない。固定基準に照らしたやり方とは対照的で、自分の進歩を年単位で捉えるやり方である。自分自身に対して正直になることがこの評価では非常に重要であり、10％や20％良くなったと思うかどうかではない。

自分の仕事ぶりを前年と比べるには、以下の質問に答えてみよう。

- 前年に比べて今年度は会社の成功にどのくらい多く貢献したか？
- 前年よりも責任を負うことが増えたか？
- 自分の能力は会社の将来に前向きな効果を与えると、以前よりも自信をもって言えるだろうか？
- 前年よりも多くのプロジェクトを主導、またはプロジェクトに参加したか？
- 前年よりも重要度の高いプロジェクトにかかわったか？
- かかわったプロジェクトは、時間、予算、戦略の面で前年よりも上回ったか？
- 前年よりも部下の人数が増えたか？
- 新しいスキルを学ぶために前年にどんな行動をとったか？
- 前年と比べ、従業員として、そして一人の人間として、同僚から尊敬を多く集めているか？
- 前年に比べ、部下や同僚の人生に多くの変化をもたらしたか？
- 今年度は、プライベート、仕事、どちらの満足度が高いか？

来年度に自分はどのような行動をとるべきかを決める

前年の仕事ぶりと比較したら、今度は、来年度の自分を今年度の自分とうまく比較するには、どんな行動をとるべきかを決める必要がある。

前年よりも20%良くなっていたいと思うなら、どうすればこの成長目標に到達できるか、自分でその答えを見つけなければならない。新しいスキルを学ぼうと、セミナーへの参加を決めるかもしれない。ビジネス書を読めば、もっとうまく仕事がこなせるようになるヒントが得られるかもしれない。または、別のプロジェクトに参加させてもらい、職責を増やし、社内での存在感が増すようにしたほうがいいかもしれない。がむしゃらではなく、もっと効率よく業務を行えばいいだけのことかもしれない。

自分の仕事ぶりを過去のそれと比較する価値は軽視できるものではない。業務上の活動に対する判断力が向上するので、多くを習得し、成長のスピードは上がり、仕事もプライベートもとても充実した人生を送ることができるようになる。

考えてみよう

□あなたの会社で使用している勤務査定はどんなタイプのものか?

□仕事ぶりを自己評価する項目があるなら、それは年度ごとに仕事ぶりを比較するものか。そうでなければ、社員の進歩を計る評価の項目やシステムをどのように組み込めるだろうか?

BONUS TRACK

45

すべてを正しく行え。
利益は結果的についてくる。

スターバックスは利益や利益の最大化を企業戦略として捉えていない。**利益とは、スターバックスにとっては成果である。**すべてを正しく行えば、必然的に、結果が利益という形であらわれるという考え方なのだ。

では、「すべてを正しく行う」とは、具体的にどのようなことかというと……

- **事業を構築することに集中してブランドが生まれると、利益は生まれる**
- **最大ではなく最高を目指すと、利益は生まれる**
- **広告よりもビジネス活動でアピールするようになると、利益は生まれる**
- **単に顧客の最低限のニーズだけでなく、ウォンツを満足させることを目的としてビジネスを行うと、利益は生まれる**
- **顧客の中でロイヤルティを超えて親愛の情が育つと、利益が生まれる**
- **顧客との交流からニーズやウォンツを見いだして対応すると、利益が生まれる**
- **ビジネスのおかげで企業が信頼できるものになると、利益が生まれる**
- **自己満足に陥らず、現状維持に抵抗し、うぬぼれを打ち砕く企業文化を育てると、利益は生まれる**
- **利益追求以外のすべてを正しく行うと、利益は生まれる**

46

世界を変える志を持て。

（スターバックスの目標は）感性が磨かれ、心が豊かになると人々が認識し、尊敬を集めるブランドを持つ、息の長い最高の企業となること。

スターバックスＢＨＡＧ（＝大きく困難で大胆な目標）
（シアトルでの社内プレゼンにて）

われわれが新規事業に着手し、新商品を発表する理由は何だろう？　つまるところ、そこに「世界を変える」という目標があるからだ。

世界を変えることは、どんな起業家やブランド経営者にとっても手強い課題となるのは必至だ。だがそれをスターバックスは行った。

正直なところ、元々の創業者は、シアトルに住む人々の深煎りコーヒーに対する認識を変えたいという情熱が、世界を変えるという結果を導くことになろうとは、夢にも思っていなかった。だが実際に、世界中のコーヒーの飲み方と楽しみ方を変えたのである。

その発端から今日まで、そして明日へと、スターバックスは世界を変えるというミッションの下に活動を行っている。

米国では毎年、70万の新規事業が立ち上がり、3万の新商品が発表される。[※1]これほどの数の新規事業や新商品は本当に必要だろうか。当然、こんなに必要ではない。事実、新規事業の70％、新商品の75％が、2年以内に消えていく。[※2]

※1　データ元：全米起業家協会
※2　「失敗ではなく成功に焦点をあてる」／ロング・アダムズ、2004年5月6日付USAトゥデイ紙

さて、あなたが次に計画しているビジネスやサービスの背後にある目的は何だろう。

スターバックスの「ルール」が教えてくれるのは、今日の激しい競争社会で成功を収める唯一の貴重なやり方である。そのやり方とは、新規事業、新商品、新サービスのどれであっても全部であっても、世界を変えることを目指すことである。結局、スターバックスが行ったことはそれなのだ。

アイデアを実行に
移すために

本書に収録した数々のルールによって、あなたが、あなたのビジネスを今までと違った見方で捉えられるようになれば幸いである。

ここでは、そうした新たな見方を具体的な形にし、すぐに行動に移せるアイデアとなるよう、次のステップに従って作業することを検討してみてほしい。

スターバックスのマーケティング＆ブランディングを取り入れよう

ここまで見てきたように、スターバックスが今日ほどの優良企業になったのは、ブランドをつくったからではなく、事業を築いてブランドを生みだしたからである。優れたＣＭをつくるために巨額を投じるのではなく、顧客《カスタマー》エクスペリエンスの向上に資金をあててきたからである。総じて、スターバックスがブランド構築に取り組んできたやり方は、ここに集約される。

あなたのビジネスも同じようなやり方でブランド構築をするには、次のステップを踏むといい。

STEP 1 あなたのビジネスでどのように世界を変えるか宣言する（何も世界中を変えようと思う必要はなく、業界の一部だけで構わない）

STEP 2 現在のマーケティングプログラムを見直し、改善の必要のあるもの、削除したほうがいいものを判断し、「STEP 1」の宣言の内容に沿うようにする

STEP 3 プロジェクトの手順、期日、担当者を決める

STEP 4 最終的な決定力のある人から承認をもらえるよう、社内で影響力のある人の協力を仰ぎ、マーケティングプログラムに支持を集めるようにする

スターバックスのサービスを取り入れよう

スターバックスでは体験《エクスペリエンス》が重要だ。心に残る顧客《カスタマー》エクスペリエンスをつくろうと、顧客との約束以上のことを行うよう心がけている。

それに、お客様を、つまらない記念品を求める旅行者ではなく、有意義な出来事を求める探検家として扱う。

注目に値するものが注目されると知ったうえで、注目に値することを行い、スターバックスでの心に残る顧客エクスペリエンスについて、友人や家族に話してもらえればと願っている。

心に残る顧客エクスペリエンスを提供するには、次のステップが利用できる。

STEP 1

マーケティング担当者としてではなく、顧客の気持ちになって考える。それには、社内の人間に「一般顧客」として商品の購入を体験してもらうといい。客として自社商品を購入させ、最低2つのライバル社からも商品を購入させ、業種の違う2つの企業からも商品を購入させる。「一般顧客」役を務めた人たち

に、それぞれの買い物時に五感（視覚、聴覚、触覚、嗅覚、味覚）で感じた（または感じなかった）ことを、簡潔にレポートにまとめてもらう。そして、買い物店ごとに特徴を2つずつあげてもらう

STEP 2

「一般顧客」としての商品購入体験に基づいた事後分析をする。各自の購入体験で得たものについて議論する。この議論とは別に、会社として「やめるべき活動」「始めるべき活動」「継続すべき活動」の3つをリストにまとめる

STEP 3

リストにある活動の一つひとつの実現可能性と注目度を評価し、絞り込む。実現不可能な活動、注目されそうもない活動は捨てる

STEP 4

285ページの「STEP3」と「STEP4」に従い、絞り込んだ「やめる／始める／継続する活動」を実行する。そうすれば、心に残る顧客エクスペリエンスを提供しやすくなるだろう

スターバックスの人材育成を取り入れよう

お客様の期待を上回るには、まず従業員の期待を上回らなければならない。スターバックスでは、さまざまな面で、お客様よりも従業員に対して時間とお金をかけ、商品や体験《エクスペリエンス》について理解を深めさせている。情熱はスターバックスという会社の原動力であり、従業員の情熱が、スターバックスを成功に導く真の糧なのだ。

働きたくなる作業環境をつくることは継続的な課題である。そんな環境をつくる足がかりとなるステップをいくつか紹介しよう。

STEP 1 **従業員の声に耳を傾ける。「従業員エクスペリエンス」をどう改善できるか、従業員からアイデアを提出してもらうような仕組みを整える**

STEP 2 **従業員が提出したアイデアのすべてに返答する。全部を実行することは非現実的だが、アイデアを出した従業員一人ひとりに返答することは現実的であり、非常に重要である**

STEP 3

顧客志向の政策（商品開発からマーケティングプログラムまで）に昨年いくら費やしたか算出し、従業員志向の政策（研修プログラム、動機付けとなるコンテストの開催、従業員の福利厚生に関係するコストなど）にかけた費用と比較する。顧客志向の政策にかけた費用のほうが圧倒的に多ければ、従業員志向の政策と釣り合いがとれる方法を検討する

スターバックス
役員たちの本棚

スターバックスの役員たちの共通点として、誰もが読書家ということがあげられる。しかも、かなりの読書量だ。どの役員室を訪れても、書棚はビジネス書であふれている。以下のリストは、役員たち全員が読んだことのある書物である。ここにあげる本のどれもがスターバックスのビジネスを形づくるのに重要な影響を与えた（そして今も与え続けている）。

スターバックス成功物語

ハワード・シュルツ、ドリー・ジョーンズ・ヤング（著）
小幡 照雄、大川 修二（訳）
日経BP社

なぜみんなスターバックスに行きたがるのか？

スコット・ベドベリ（著）
土屋 京子（訳）
講談社

ビジョナリー・カンパニー
時代を超える生存の原則

ジム・コリンズ、ジェリー・I・ポラス（著）
山岡 洋一（訳）
日経BP社

ビジョナリー・カンパニー2
飛躍の法則

ジム・コリンズ（著）
山岡 洋一（訳）
日経BP社

発想する会社！
世界最高のデザイン・ファームIDEOに学ぶイノベーションの技法

トム・ケリー、ジョナサン・リットマン（著）
鈴木 主税、秀岡 尚子（訳）
早川書房

「紫の牛」を売れ！

セス・ゴーディン（著）
門田 美鈴（訳）
ダイヤモンド社

成功企業のサービス戦略
顧客を魅了しつづけるための9つの原則

レオナルド・ベリー（著）
和田 正春（訳）
ダイヤモンド社

ディズニーが教えるお客様を感動させる最高の方法［改訂新版］

ディズニー・インスティチュート（著）
月沢 李歌子（訳）
日本経済新聞出版社

レピュテーション・マネジメント

ロナルド・J・オルソップ（著）
トーマツCSRグループ（訳）
日本実業出版社

エモーショナルブランディング
こころに響くブランディング戦略

マーク・ゴーベ（著）
福山 健一（訳）
宣伝会議

永遠に愛されるブランド
ラブマークの登場

ケビン・ロバーツ（著）
岡部 真里、椎野 淳、森 尚子（訳）
ランダムハウス講談社

本業再強化の戦略

クリス・ズック、ジェームズ・アレン（著）
須藤 実和（監訳）、ベインアンドカンパニー（訳）
日経BP社

7つの習慣　最優先事項

「人生の選択」と時間の原則

スティーブン・R・コヴィー、A・ロジャー・メリル、レベッカ・R・メリル（著）
宮崎 伸治（訳）
キングベアー出版

さあ、才能（じぶん）に目覚めよう

あなたの5つの強みを見出し、活かす

マーカス・バッキンガム、ドナルド・O・クリフトン（著）
田口 俊樹（訳）
日本経済新聞出版社

デキる人の法則

ティム・サンダース（著）
若林 暁子（訳）
角川書店

アンスタック!

あなたの行きづまりを解決する本

キース・ヤマシタ、サンドラ・スパタロ（著）
熊本 知子（訳）
ベストセラーズ

夢を形にする発想術

イマジニア（著）
英 磨里（訳）
ディスカヴァー

「高業績チーム」の知恵

企業を革新する自己実現型組織

ジョン・R・カッツェンバック、ダグラス・K・スミス（著）
吉良 直人、横山 禎徳（訳）
ダイヤモンド社

なぜこの店で買ってしまうのか

ショッピングの科学

パコ・アンダーヒル（著）
鈴木 主税（訳）
早川書房

なぜ高くても買ってしまうのか

売れる贅沢品は「4つの感情スペース」を満たす

マイケル・J.シルバースタイン、ニール・フィスク、ジョン・ブットマン（著）
杉田浩章（監訳）、ボストン コンサルティング グループ（訳）
ダイヤモンド社

夢を売る

お客をわくわくさせる究極のセールス革命

ガイ・カワサキ（著）
秋葉 なつみ（訳）
東急エージェンシー出版事業部

サーバントリーダーシップ

こころに響くブランディング戦略

ロバート・K・グリーンリーフ（著）
金井壽宏（監修）、金井真弓（訳）
英治出版

Becoming a Category of One
Joe Calloway（Wiley, 2009 2版）

Creating Customer Evangelists
Ben Mcconnell, Jackie Huba（Kaplan Publishing, 2002）

Orbiting the Giant Hairball
Gordon MacKenzie（Viking, 1998）

The Servant Leader
James A. Autry（Three Rivers Press, 2004）

The Transparent Leader
Herb Baum, Tammy Kling（HarperBusiness, 2004）

Built for Growth
Arthur Rubinfeld, Collins Hemingway
（Wharton School Publishing, 2005）

The Discipline of Market Leaders
Michael Treacy, Fred Wiersema（Perseus Books, 1995）

Rules of the Red Rubber Ball
Kevin Carroll（ESPN Books, 2005）

To Do Doing Done
G. Lynne Snead,Joyce Wycoff（Touchstone, 1997）

スターバックスはなぜ値下げもCMもしないのにずっと強いブランドでいられるのか?

発行日　2014年4月20日　第1刷
　　　　2025年3月5日　第16刷

Author　ジョン・ムーア
Book Designer　西垂水敦

Publication　株式会社ディスカヴァー・トゥエンティワン
〒102-0093 東京都千代田区平河町2-16-1 平河町森タワー11F
TEL 03-3237-8321（代表）
FAX 03-3237-8323
https://d21.co.jp

Publisher　谷口奈緒美
Editor　千葉正幸

Store Sales Company　佐藤昌幸　蛯原昇　古矢薫　磯部隆　北野風生　松ノ下直輝　山田諭志　鈴木雄大　小山怜那　町田加奈子
Online Store Company　飯田智樹　庄司知世　杉田彰子　森谷真一　青木翔平　阿知波淳平　井筒浩　大﨑双葉　近江花渚　副島杏南　徳間凜太郎　廣内悠理　三輪真也　八木眸　古川菜津子　斎藤悠人　高原未来子　千葉潤子　藤井多穂子　金野美穂　松浦麻恵
Publishing Company　大山聡子　大竹朝子　藤田浩芳　三谷祐一　千葉正幸　中島俊平　伊東佑真　榎本明日香　大田原恵美　小石亜季　舘瑞恵　西川なつか　野﨑竜海　野中保奈美　野村美空　橋本莉奈　林秀樹　原典宏　牧野類　村尾純司　元木優子　安永姫菜　浅野目七重　厚見アレックス太郎　神日登美　小林亜由美　陳玟萱　波塚みなみ　林佳菜
Digital Solution Company　小野航平　馮東平　宇賀神実　津野主揮　林秀規

Headquarters　川島理　小関勝則　大星多聞　田中亜紀　山中麻吏　井上竜之介　奥田千晶　小田木もも　佐藤淳基　福永友紀　俵敬子　池田望　石橋佐知子　伊藤香　伊藤由美　鈴木洋子　福田章平　藤井かおり　丸山香織

DTP　濱井信作（Compose）
Proofreader　鷗来堂
Printing　シナノ印刷株式会社

ISBN978-4-7993-3108-8